평범한 특별한
직장인의 책쓰기

PERSONAL BRANDING
책쓰기는 최고의
퍼스널 브랜딩이다

평범한 직장인의 특별한 책쓰기

원고 작성에서 출판까지
임파워링 코칭
EMPOWERING COACHING

이주형 지음

넌참예뻐

머리말
책을 쓰고 싶은 당신에게

"평범한 직장인인 저도 책을 쓸 수 있을까요?"
내가 최근 지인을 만나면 가장 많이 듣는 말이다. 자기 이름으로 출간된 책이 서점에 진열된다는 것은 참으로 자랑스럽고 멋진 일이다. 게다가 직장을 다니면서 책을 썼다면 그 기쁨이 얼마나 클까.

그렇다. 처음에는 '바쁜 직장인이 책을 쓰다니 정말 대단하다'며 칭찬하던 사람이 시간이 흐르면서 '나도 책을 쓰고 싶어졌다'고 고백하는 경우도 있다. 전문성이 강화되고, 직급이 올라가고, 경험이 쌓일수록 자신도 책을 쓰고 싶다는 꿈이 생기기 때문이다. 개인 코칭을 하다가도 책을 쓰고 싶다는 사람이 많아 책쓰기 코칭으로 진행하기도 하고, 최근에는 아예 CEO 책쓰기 코칭 과정을 운영하고 있다.

나는 책을 쓰고 싶어하는 지인이 있으면 그냥 지나치지 못하고 어떻게든 도와주려 한다. 맨땅에 헤딩하듯 독학으로 책쓰기를 시작해 많은 시행착오를 거치며 고생했던 때가 떠오르기 때문이다.

사실 몇 가지 요령만 알면, 어렵게 생각되는 요소를 극복하고, 효율적으로 책을 낼 수 있다. 이렇게 몇 가지 부분을 도와준 후, 자신의 책이 나왔다며 정성스레 내미는 저자 사인본을 받으면 그렇게 기쁠 수가 없다. 자신의 첫 책을 출간하는 일이 인생에서 얼마나 중요한 이벤트인지 잘 알고 있어서다.

그래서 아예 오랜 시간 익혀온 나만의 책쓰기 노하우를 모아, 책을 쓰고 싶어하는 더 많은 사람에게 도움을 주고 싶어 이번 책을 기획했다. 열심히 앞만 보고 살아가지만 자신의 책으로 조금 더 의미 있는 인생을 꿈꾸는 직장인에게 도움이 됐으면 하는 마음 간절하다. 평범한 직장인이 자신의 이름으로 책을 쓰게 되면 더 이상 평범한 직장인이 아니다. '특별한 직장인'이 되는 것이다. 자신의 이름 앞에 작가 혹은 저자라는 호칭이 붙게 되니 말이다.

물론 그 책에 부끄럽지 않게 삶을 살아야 하는 숙제도 생긴다. 자신의 이름으로 출간한 책은 인생에서 가장 큰 명함이다. 그러니 이전보다 더 가치 있게 살아야 하는 책임감도 부여받는다.

이 책의 1장은 직장인인 당신이 지금 책을 써야 하는 다섯 가지 이유, 2장은 책을 쓰기 위한 다섯 가지 습관, 3장은 글을 잘 쓰는 열 가지 비결, 4장은 쉽게 따라하는 책쓰기 10단계 프로세스로 구성되어 있다. 또한 부록으로 직장생활을 하면서 책을 써 자신의 인생을 더 가치 있게 만든 사람의 사례를 소개했다. 내용을 보면 알겠지만, 이 책은 한두 달 만에 숙제하듯 휘리릭 써서 만든 게 아니다. 진정으로 첫 책을 내고 싶은 사람이 '긴 호흡으로 잘 준비해서, 의미 있는 인생의 발자취를 남기라'는 마음을 담아 오랫동안 준비한 책이다.

머리말

바쁜 직장생활과 코칭 활동에 더해 책을 쓰는 일상에 늘 가장 큰 힘이 되어주는 아내 경숙과 별처럼 빛나는 딸 규원, 아들 규민에게 특별히 감사의 마음을 전한다. 가족은 늘 내 삶의 이유이자 꿈이고, 내 책의 가장 중요한 독자다. 특히 자신의 일상 스케줄이 대부분 회사에 맞춰지게 되는 직장인은 더 그렇다.

2024년 1월 4일
이주형

차례

머리말 5

1. 직장인인 당신이 지금 책을 써야 하는 5가지 이유 11

　인생의 의미 발견하기 22

　전문성 강화 31

　퍼스널 브랜딩 39

　인생의 플랜B 준비 45

　자신을 응원하기 52

2. 책을 쓰기 위한 5가지 습관 61

　책을 많이 읽자 66

　글 재료를 많이 모으자 82

　메모하는 습관을 들이자 90

　일단 많이 쓰자 97

　글 쓰는 장소와 시간을 확보하자 111

3. 글을 잘 쓰는 10가지 비결 115

누가 읽을지를 먼저 생각하자 120

짧고 쉽게 쓰자 124

나쁜 습관을 버리자 134

치열하게 쓰고 품격 있게 다듬자 140

자신만의 개성을 담아내자 148

참고자료를 잘 활용하자 155

팩트 위주로 명확하게 쓰자 159

첫 문장과 마지막 문장에 공을 들이자 163

퇴고가 더 중요하다 166

계속해서 스스로 동기를 부여하자 170

4. 쉽게 따라하는 책쓰기 10단계 프로세스 175

책을 출간하는 종류와 방법 177

책쓰기 10단계 따라하기 182

부록 : 직장인 쳇바퀴에서 벗어난 작가 인터뷰 214

1부

직장인인 당신이 '지금' 책을 써야 하는 5가지 이유

(1) 인생의 의미 발견하기
(2) 전문성 강화
(3) 퍼스널 브랜딩
(4) 인생의 플랜 B 준비
(5) 자신을 응원하기

한 사람을 작가로 만드는 것은 '작가가 될 수 없는 백 가지 이유'가 아니라 '될 수밖에 없는 한 가지 이유'에 있다. 김영하(소설가)

시험을 보거나 자격증에 도전하듯 정확히 시간을 정해 놓고 작가가 되는 사람은 없다. 특히 자신의 일상 스케줄이 대부분 회사에 맞춰진 직장인은 더욱 그렇다. 직장인이 책을 썼다면 어떤 계기든 그 순간을 놓치지 않았을 것이다. 이 결단의 순간을 놓쳤다면 '나도 그때 책을 쓸 걸' 하고 후회해 봐야 소용없다. 낭비한 시간에 대한 후회는 더 큰 시간 낭비일 뿐이다.

어떤 책에서는 책을 쓰지 못하는 이유를 '게으르기 때문'이라고 한다. 나는 이것에 동의하지 않는다. 진짜 게으르면 지금 직장의 그 자리에 오르지도 못했을 뿐 아니라 지금처럼 자리를 지키지도 못했을 것이다. 책을 쓰고 싶어도 못쓰는 이유는 결단을 못하는 데 있다. '진짜 내가 책을 쓸 수 있을까' 하며 물음표를 치지만 막상 책쓰기를 결심하고 시작하면 자신도 놀랄 만큼 무서운 집중력을 발휘하게 된다.

처음에는 자신이 정말 책을 쓸 수 있을지, 내가 정말 다른 사람들에게 영향력을 미칠 수 있을지, 어설픈 글로 웃음거리가 되지는 않을

지 걱정도 많고 자신도 없다. 그러나 일단 책을 쓰기 시작하면 어떤 결과가 나오든 쓰기 전보다 나은 위치에 있을 것이다. 이 사실만으로도 직장인의 책쓰기는 절대 손해가 아니다. 지금 할 수 있는 일을 시작하는 것은 아무것도 안하는 것보다 늘 좋은 방법이다.

평범한 직장인인 저도 책을 쓸 수 있을까요?

그 어느 때보다 책을 쓰기 쉬워진 시대다. 아이슬란드에서는 책을 한 권 이상 출간한 사람이 전체 인구의 10퍼센트나 된다고 한다. 평범한 사람들이 지금처럼 매일 많은 글을 쓰는 시대는 없었다. 오늘 하루 당신이 작성한 SNS 피드와 댓글들, 계속 올려대는 메신저만 봐도 그렇다. 회사에서는 하루 종일 각종 문서와 보고서, 이메일 등과 씨름했을 것이다.

이 모든 활동이 글쓰기다. 책은 글을 써야 나온다. 글을 쓰는 사람은 작가라고 하는 반면, 해당 작품이 출판되어 공식적으로 저작권을 인정받는 사람을 저자라고 한다. 그러니 종일 글쓰기와 씨름한 우리는 모두 작가이고 잠재적 저자다. 그러나 일반적으로 책을 출간한 사람을 작가로 부르니 여기서도 그렇게 따르도록 하겠다.

책쓰기 코칭을 할 때 가장 많이 받는 질문은 '저처럼 평범한 직장인도 책을 쓸 수 있을까요?'다. '소리 없는 아우성'이나 '똑똑한 바보'처럼 엄밀히 따져보면 '평범한 직장인'이란 말도 형용모순이라 할 수 있다. 모든 직장인들은 초·중·고 시절 성실하게 공부해 대학을 나오고 높은 취업 장벽을 통과한 사람이다. 게다가 입사 후에도 각종 도전과 경쟁을 이겨내고 승진해서 그 오랜 시간 회사를 다니며 자신만의 전문성을 쌓아온 사람들이다. 이렇게 전력투구하여 지금의 자리까지 왔는데 어떻게 평범하다 할 수 있겠는가. 그런 사람이 모여 있으니 평범해 보일 뿐이다. 우리는 가장 평범한 것이 가장 특별한 시대를 살아내고 있다. 그러니 겉으로는 평균적인 직장인 같지만 사실 당신은 놀라운 이야깃거리를 품고 특별한 삶을 살고 있다. 매력적인 스토리텔링이 가능한 잠재적 작가인 것이다. 글은 특별한 환경에 놓인 사람만 쓰는 것이 아니다. 희로애락의 모든 상황에서 쓸 수 있다.

시간이 없다는 것은 핑계다. 나는 바쁘디 바쁜 직장에서 한치도 소홀히 하지 않고 12권의 책을 썼다. 무슨 일을 하든, 어떤 직업이든 앞으로도 계속 책을 쓸 생각이다. 나처럼 직장에 다니면서 책을 쓰는 사람들이 매우 많다. 그들은 남들보다 조금 일찍 '책을 쓰겠다'는 결심을 했을 뿐이다.

어떤 일을 해보지도 않고 재능이 있는지 없는지 알 수 없다. 내가 아는 직장인 작가는 대부분 책을 쓰기 시작하면서부터 자신의 글쓰기 재능을 깨달았다고 고백한다. 비록 처음에는 스스로 만족도가 10에서 20점 정도였지만 계속 글을 쓰고 책을 내면서 때로는 100점에 가까운 만족감을 느끼기도 한다. 스스로 100점을 넘는 점수를 주고 싶은 순간도 경험한다.

이왕 책을 쓰려면 독립하기 전 직장인 신분으로 책을 쓰는 것이 유리하다. 회사의 기밀을 마음대로 도용하지는 않더라도 허용되는 범위 내에서 업무와 관련된 많은 자료와 사례를 활용할 수 있다. 또한 독립 후에 책을 쓰게 되면 주위로부터 기대 수준이 더 높아진다. 직장에 다니면서 '나도 내 이름으로 책 한권 쓰고 싶다'라고 생각하는 때는 대부분 조직 내에서 중요한 역할을 맡고 있거나 일이 많아 매우 바쁜 시기에 있는 사람들이다. 누구보다 열심히 살고 미래를 바라보며 도전하려는 자세가 있기에 책쓰는 데까지 마음이 가는 것이다. 윈스턴 처칠은 "비관주의자는 기회 속에서도 두려움을 보고, 낙관주의자는 어려움 속에서도 기회를 본다"고 했다. 바로 '나도 책을 쓰고 싶다'라는 생각을 가진 당신의 이야기다.

책을 쓰면 무엇이 달라질까

특별한 사람만 책을 쓰는 것이 아니다. 오히려 책을 쓰면 특별해진다. 내 이름으로 된 책을 내려고 글을 쓰기 시작했다는 것은 어제와 다른 삶을 살겠다는 선언이다. 새로운 눈으로 세상을 보겠다는 결심이다. 책을 쓰기 시작하면 자신을 둘러싼 모든 것이 의미 있게 다가온다. 때가 되면 저절로 바뀌는 것처럼 보이는 계절의 변화도 놀라운 기적이고, 날마다 맞닥뜨리고 해결해나가는 회사에서의 모든 활동이 다 의미 있는 활동이 된다. 책을 쓰기로 결심하는 순간 자신에게 말을 걸어오는 모든 것에 대해 무심코 지나치는 것이 아니라 자신만의 방법으로 응대하게 된다. 작가로서의 삶이 시작되는 것이다.

책을 쓰고 나면 지식소비자가 아니라 지식생산자가 된다. 늘 비용을 지불하고 남의 이야기에 고개를 끄덕이는 것이 아니라 자신이 다른 사람의 인생에 영향력을 행사하는 존재가 된다.

흔히 현장직과 사무직을 블루칼라와 화이트칼라로 구분해왔다. 그러나 지금은 하나가 더 있다. 골드칼라가 그것이다. 본격적인 지식산업 사회에서 두뇌와 정보로 새로운 가치를 창조해서 정보화시대를 이끌어가는 능력 위주의 전문직 종사자를 일컫는다. 양민찬 작가는 『책쓰기, 40대를 바꾸다』에서 이 골드칼라를 '적성에 맞는 분야에서 반짝이는 아이디어로 무장하고 자발성과 창의성을 발휘해 새로운 가치를 창조하는 사람들'이라고 정의한다. 화이트칼라 시대에 중시되던 것이 학력, 경력, 자격증이었다면, 골드칼라의 시대에는 편리와 즐거움을 가져다 줄 수 있는 금빛 아이디어가 중시된다는 것이다. 로버트 E. 캘리는 이 골드칼라보다 더 높은 단계에 있는 사람들을 정의한다.

> 골드칼라가 금처럼 빛나는 아이디어를 갖고 경제적 가치를 창출하는 직업군을 의미하는 반면, 다이아몬드칼라는 골드칼라보다 한 단계 높이 평가된다. 다이아몬드 칼라는 지식, 심신, 체력, 자기관리 능력, 인간관계 능력의 다섯 가지 요소를 동시에 갖춘 사람으로, 미래형 지도자의 자질로 꼽힌다. 골드칼라가 반짝이는 두뇌를 갖고 있는 인재라면, 다이아몬드칼라는 이 다섯 가지 미덕을 갖춘 인물로 보는 것이다.
> 로버트 E. 캘리, 『골드칼라로 가는 길』, 리치북스, 1999

그 어려운 직장생활을 훌륭하게 해내면서 자신의 책으로 선한 영향력을 끼치는 사람이 바로 다이아몬드칼라이다. 책을 쓴 사람을 높이 평가하는 이유는 지식이나 경험이 뛰어나서만은 아닐 것이다. 어려운 상황에서 힘든 과정을 거쳐 자신의 모든 것을 쏟아 부어 책을 출간하는 것은 그만큼 열정과 간절함이 충만한 사람이라는 것을 증명하는 것이기 때문이다.

그러나 조심해야 할 것

책을 쓰기로 결심하면 조심해야 할 것이 있다. 직장인 신분으로 책을 쓴다면 책쓰는 작업이 회사에 지장을 주면 안 된다. 단언컨대 회사 업무가 책쓰기보다 더 중요하다. 퇴사를 앞두고 있다고 해도 회사에서 월급을 받는 마지막 순간까지 회사의 일이 최우선이다. 농협에서 근무하던 시절부터 책을 써 약 60여 권을 출간한 조관일 창의경영연구소 대표는 "저는 사무실에서 결코 원고를 써본 적이 없습니다. 타이핑을 해본 적도 없지요. 어디까지나 내 주 업무가 아니었기 때문에 회사에 피해를 줄 수는 없었습니다"라며 "회사에서는 절대 책을 쓰지 말라"고 강조한다. 회사에서 급여를 받으면서 산적한 일을 뒤로 한 채 자신의 책을 쓰는 건 회사의 시간을 도둑질하는 것이다.

사실 책을 쓴다고 하면 일반적으로 회사에서 좋아하지 않는다. 아무리 좋은 상사도 부하직원이 책을 쓴다고 하면 곱게 보지 않는다. 책을 썼다고 들고 오면 앞에서는 '바쁜데 언제 이런 책을 썼어? 대단해'라고 칭찬하지만 책을 쓰느라 회사 일에 집중하지 않고 그동안 에너지를 책 쓰는 데 분산해서 쏟았을 거라 생각한다. 그 직원이 관여했다가 진행이 잘 안 됐던 일, 실수했던 일이 떠오르며 책을 쓰느라 일에 집중하지 않았다고 생각한다. 그러니 책을 쓰는 직장인이 가져야 할 첫 번째 덕목은 남보다 일을 잘 해야 한다는 것이다. 그리고 가능하면 주위 모르게 써야 한다. 그래서 좋은 실적을 거두고 남보다 고과도 잘 받고 제때에 승진을 한 후에 자신이 쓴 책을 내미는 것이 좋다.

요즘은 분위기가 조금 바뀌고 있다. 아예 회사에서 책을 쓰라고 권하기도 한다. 오히려 직원에게 담당 직무에 대한 책을 쓰라고 책쓰기 강좌에 보내주기도 하고, 회사의 가치를 외부에 홍보하기 위해 팀을 짜서 책쓰기 프로젝트를 진행하기도 한다. 토스에서 '경계를 부수는 사람들, 토스팀 이야기'라는 부제로 출간한 『유난한 도전』은 베스트셀러로 등극하여 토스의 가치와 기업문화를 많은 사람에게 알리고 회사의 이미지를 향상시키는 계기가 되었다.

나는 이렇게 작가가 되었다

"직장 다니시면서 12권이나 책을 쓰셨는데 처음에 어떤 계기로 책을 쓰기 시작하셨나요?"

북토크를 하거나 책 관련 이야기를 나누다 보면 빠지지 않고 나오는 질문이다. 한 가지만 하기도 힘든데 두 가지를 하니 늘 궁금한 모양이다. 물론 두 가지를 동시에 하기는 쉽지 않다. 그러나 방법은 있다. 본인이 마음만 먹는다면 말이다.

내가 책을 처음 쓰게 된 계기는 우연히 찾아왔다. GE라는 다국적 기업에서 재무팀장을 거쳐 6시그마 총괄 팀장으로 근무할 때였다. 6시그마로 많은 혁신 성과를 이뤄냈기 때문에 남보다 몇 년은 승진이 빨랐다. 그러나 직급이 빨리 올라간다고 해서 리더십까지 저절로 따라오는 것은 아니었다. 스스로 여러모로 부족함을 느껴 대학의 MBA 과정에 진학하게 되었다.

MBA과정은 야간에 진행되었는데 연령대와 담당 업무 등 배경이 모두 달랐던 동기들은 낮에는 열심히 직장생활을 하고 더 나은 미래를 위해 저녁에는 공부하기를 선택한 사람들이었다. 하루는 몇 명의 동기가 몰려다니는 것이 눈에 띄었다. 이미 마케팅 관련 책을 몇 권 써 베스트셀러 작가로 유명한 동기 한명이 주도해서 9명이 공저로 비즈니스 관련 책을 쓰기로 했다는 것이었다. 처음에는 별 감흥이 없었는데 나도 점점 관심이 갔다. 워낙 책을 좋아하기도 했지만 MBA 과정에서 플러스알파로 중요한 경험을 할 수 있겠다는 생각이 들었다. 그러던 중 책쓰기 멤버 중 한명이 한 학기만 마치고 그만두었다. 그래서 내가 먼저 "내가 대신 하면 안 될까?"라고 제안하여 멤버가 되었다. 그리고 다음 학기에 글로벌 비즈니스에 관한 『세계가 나의 시장이다』라는 책을 출간하게 되었고 나도 공저자로 이름을 올렸다.

이처럼 작가로서의 첫 경험은 공저자로 출발했는데 오랜 시간이 지나지 않아 독립적으로 책을 쓸 기회가 생겼다. 나는 당시 GE의 6시그마 최고 전문가들인 MBB(Master Black Belt)들을 지도하는 QL(Quality Leader)로 임명되어 GE코리아 안에 있는 전체 계열사의 6시그마 활동을 이끌었고, 회사의 방침에 따라 삼성, LG, 포스코, 현대 등의 대기업과 국내 대형 병원에 6시그마를 전수해줬다. 특히 삼성은 그룹 내 6시그마 활동을 총괄하는 6시그마아카데미를 포함해 삼성전자, 삼성생명, 삼성화재, 삼성카드, 삼성물산, 제일모직, 에버랜드 등에 따로 6시그마를 전수해주었다. 그때 내게 배운 삼성전자의 담당자들이 6시그마에 관한 책을 써서 시장에서 매우 좋은 반응을 얻었다. 내게도 책을 보내주며 감사의 마음을 전하길래 읽어봤더니 비즈니스 우화 형태로 구성되어 재미는 있었다. 그러나 6시그마의 핵심내용이 부실하고 심지어는 독자가 6시그마를 잘못 이해할 여지도 많아 보였다. 그래서 6시그마를 제대로 알려야겠다는 사명감에

인도 출신 상사의 허락을 얻어 내가 직접 6시그마에 관한 책을 쓰기로 결심했다. 물론 회사에서는 업무로 바쁜 나날을 보냈고 일주일에 3일은 저녁에 MBA수업을 들었지만 점심시간, 수업이 없는 날 저녁과 주말 등의 시간을 이용해 원고를 썼기에 책이 나오는데 꼬박 1년이 넘는 시간이 걸렸다.

직장생활과 MBA과정을 병행하느라 몸이 열개라도 부족했지만 그때는 30대 중반의 젊은 나이였고, 명확한 목표가 있어 바쁜 일상과 글 쓰는 일이 즐거웠다. 게다가 효율성 극대화를 추구하는 6시그마 전문가이니 만큼 하루, 일주일, 한 달의 시간 중 '낭비되는 시간'(Idle Time)을 최소화하여 하루 24시간을 가장 효율적으로 사용할 수 있는 방법도 스스로 개발해서 내 일상에 적용했다.

책의 콘셉트는 '누구나 이해할 수 있도록 6시그마의 핵심을 쉽고 재미있게 전달하기'였다. 책이 나올 무렵 당시 GE코리아 이채욱 회장님께 추천사를 부탁했더니 꼭 필요했던 책이라며 매우 흡족해했다. 그리고는 대중에게 쉽게 다가갈 수 있도록 책 이름을 『6시그마 콘서트』라 권해주었다. 그렇게 내 이름으로 된 첫 책이 세상에 나오게 되었다.

1
 ## 인생의 의미 발견하기

'나는 과연 지금 잘 살고 있는 것일까?'

일을 하다가, 길을 걷다가, 밥을 먹다가, 가족과 즐거운 한때를 보내다가 문득 문득 떠오르는 질문이다.

신입사원 시절엔 좌충우돌하며 회사에 적응하느라 이런 생각을 거의 못했다. 나이 들고, 직급이 올라가고, 아이가 커가면서, 욕실에 비친 내 얼굴에 점점 주름이 늘어나고, 머리카락은 한 움큼씩 빠지고, 눈꺼풀이 조금씩 쳐져간다. 이럴 때 이 질문이 떠오르면 갑자기 가슴이 먹먹해진다.

그러나 우리가 슬퍼해야 할 일은 나이가 들어간다는 사실이 아니다. 정신의 성숙, 좀 더 의미 있는 인생을 살지 못하고 있다는 것 아니겠는가. 나름 열심히 살았다고 생각했다. 그런데 돌아보니 별로 이뤄 놓은 게 없다. 뭐하고 살았나 싶다. 사회적 은퇴 시기는 점점 빨라져 '뭐라도 해야 할 텐데'하는 생각에 마음이 급해진다. 우울감에 휩싸인다. 이런 자신의 삶을 쓰다듬어주고 탈출구가 되어줄 수 있는 것이 바로 책쓰기다.

직장인인 당신이 '지금' 책을 써야 하는 5가지 이유

내 인생 흘러가지 않도록, 끌려가지 않도록

모든 인간은 내면을 지닌 존재다. 아무리 간이며 쓸개며 다 내어주는 것처럼 속으로 삭히며 직장생활을 해도 모두 자신만의 스토리가 있다. 기회만 되면 자신의 내면을 다른 사람에게 말하고 싶어 하는 존재다. 물론 자신의 속내를 드러내고 싶지 않을 때도 있다. 어쩌면 그것은 들어줄 사람이 없거나 말할 기회가 없기 때문일지도 모른다.

기자생활을 하다가 『한국이 싫어서』, 『아몬드』 등 소설과 에세이를 가리지 않고 많은 작품을 쓰고 있는 장강명 작가는 에세이 『책 한 번 써봅시다』에서 책을 쓰는 일에 대해 이렇게 말한다.

> 다른 사람들에 비해 공허함에 덜 빠지고, 꽤 보람 있게 산다. 나는 그게 내가 대단치는 않을지언정 책을 쓰기 때문이라고 생각한다. 일상에서 맞부딪치는 온갖 소음을 걸러내고 의미를 정제해서 저장하려고 만든 매체가 책이다. 그러니 내가 하는 일이 무의미할 수가 없다.

그는 자신이 인생에서 공허감을 덜 느끼고 오히려 보람을 느끼며 사는 이유가 책을 쓰기 때문이라고 설명한다. 의미를 만들어내는 기쁨을 누릴 수 있기에 책쓰는 일이 가치 있는 일임은 물론이고 아주 독특한 충족감을 준다고 한다. 그러면서 이런 창작 행위가 인간의 본능이라고 강조한다.

책을 쓰게 되면 그동안 살아온 자신을 돌아보게 되고 미처 몰랐던 자신의 내면과 만나게 된다. 자신의 것들을 안으로부터 끄집어내야 하기 때문이다. 또한 나의 이야기를 통해 내가 몰랐던 새로운 나를 만들어가는 놀라운 경험도 가능하다.

    책을 쓰는 동안 내가 나에 대해 생각하고 스스로에게 계속 질문을 하게 되는데, 이는 나를 들여다 보는 시간이다. 문학적으로 뛰어난 작품은 아닐지라도 책을 준비하고 글을 쓴다는 행위 자체로 충분히 자신을 돌아보게 된다. 과거와 현재의 나 자신을 성찰하는 시간을 갖게 된다. 내가 원하던 삶의 방향, 꿈, 비전 등이 무엇이었는지, 지금 나는 어디에 서 있는지, 어디를 향해 가고 있는지, 내가 의미 있는 삶을 살고 있는지 등을 찬찬히 들여다보는 기회가 된다.

    또한 나라는 사람이 어떤 일을 좋아하고, 어떤 일을 할 때 힘겨워하고, 어떤 사람과 일할 때 즐거워하고, 어떤 상황에서 일하기 싫어하는지, 무엇을 해야 동기부여가 되는지 조금 더 잘 알게 된다. 가만히 있어도 저절로 흘러가는 시간에 끌려가며 안타까워하기보다 책쓰기로 미래의 시간을 내 것으로 만들 수 있다.

    책을 써서 자신의 인생을 돌아보고, 주위에 선한 영향력을 발휘하고, 책이 잘 팔려서 수익까지 창출된다면 충분히 의미 있는 도전 아니겠는가. 만약 기대한 만큼 영향력을 발휘하지 못하고 수익 창출이 되지 않더라도, 책을 써서 과거를 돌아보고 미래로 나아가는 데 큰 전환점이 될 것은 분명하다. 그러니 충분히 도전해 봄직한 일이다. 책쓰기는 위로만 향하던 자신의 삶을 넓고 깊어지게 만드는 의미 있는 도전이다. 삼국지에 '흐름이 흐름인 줄 알려면 그 흐름에서 벗어나야 한다'는 말이 있다. 책쓰기는 내 인생이 잘 흘러가고 있는지 성찰할 수 있는 기회다.

너무 바빠서 책 쓸 시간이 없는 그대에게

많은 사람이 책을 쓰고 싶어도 직장생활이 너무 바빠서 도무지 시간이 나지 않는다고 한다. 그러나 책 쓰는 직장인들은 보통사람보다도 더 바쁜 직장생활을 한다. 가장 바쁠 때 좋은 책을 쓸 수 있다. 정신없이 바쁘다는 것은 인생에서 가장 강한 에너지가 모여 있고 극도로 집중하고 있다는 의미이기 때문이다. 돌아보면 나도 가장 바쁠 때 책을 많이 썼다.

솔직히 말해서 가장 바빴던 시절을 돌아보더라도 그 기간에 야구도 보고, 골프도 치고, 동호회도 참석하고, 동창회도 참석하고, 쉬지 않고 사람도 만나고, 재미있는 TV 미니시리즈도 보았을 것이다. 또한 쉬지 않고 SNS로 사람들과 교류했을 것이다. 왜 시간이 없다고 하는가. 진짜 시간이 없이 살아 본 적이 있는가.

실제로 너무 바빠서 일정 기간 잠도 부족하고 몸이 상할 정도로 일을 해야 할 때도 있다. 그러나 '하지 않아도 되는 일'부터 삭제하면 눈에 띄게 글 쓸 시간이 늘어난다. 낭비 요소를 제거하고 최고의 효율성을 추구하는 6시그마 전문가인 내가 남들처럼 바쁜 직장 생활 중에 10권이 넘는 책을 쓴 비결이다.

책쓰기는 하나의 동작이 아니라 기나긴 여정이다. 바쁘면 잠시 쉬어 가더라도 조금씩이라도 계속 쓰면 된다. 1년 안에 책을 쓰겠다고 계획했지만 2년 혹은 3년이 걸려서야 겨우 끝냈다 하더라도 뭐라 하는 사람은 아무도 없다. 오히려 그 바쁜 와중에 포기하지 않고 끝까지 해낸 당신에게 박수를 보낼 것이다.

처음 책을 쓰는 일은 분명 어렵고 시간이 많이 드는 프로젝트라 큰 결심이 필요하다. 결심 후에도 그 이상의 무엇, 즉 성실함과 끈기가 필요하다. 우리는 이런 결심을 할 자격이 있다. 직장인인 당신이 책을 쓰고 싶다는 마음이 있다면, 당신은 이미 그 어려운 직장생활과 사회생활에서 충분히 성실함과 끈기를 증명해온 것이다.

자기계발서도 좋고, 에세이도 좋고, 시도 좋다. 일단 책을 쓰기로 결심하고 글을 쓰든, 자료를 모으든, 자신이 쓰고 싶은 책을 생각하면, '아, 이렇게 표현할 수도 있구나'라는 것을 깨닫기도 하고, '이건 정말 좋은 생각인데?'라며 스스로 무릎을 칠 때도 있다. 이런 생각도 그저 생각에만 머물면 수증기처럼 사라지고 말지만 글로 표현하거나 책으로 정리가 되면 오롯이 내 것이 된다. 다른 사람의 책을 읽을 때도 마찬가지다. 여행을 갈 때도, 영화를 볼 때도, 음악을 들을 때도 그 순간의 감성을 글로 적어 놓으면 순간의 느낌을 본인의 것으로 만드는 가장 좋은 수단이 된다.

회사의 일(Work)과 개인의 생활(Life)이 조화롭게 균형을 유지한다는 '워라밸(Work and Life Balance)'이란 단어가 유행해 퇴근 후에는 회사 일은 거들떠보지 않는다는 사람이 많아졌다. 그러나 '퇴근 후 뭐하지?'라는 생각만 머릿속에 맴돌 뿐 그 시간을 가치 있게 사용하고 있는 사람은 많지 않아 보인다. 게다가 최근에는 코로나 대유행 이후 재택근무를 하는 기업과 직장인이 늘어나면서 일과 생활을 적절히 조화시키는 라이프 스타일인 '워라블(Work and Life Blending)'이란 개념이 유행했다. 워라블을 선호하는 이들은 굳이 일과 개인의 일상을 구분하지 않고 취미생활이나 자기 계발로 업무에도 긍정적인 시너지를 내려고 노력한다. 자신의 일과 자신의 생활이 분리된 것이 아니기 때문이다. 그래서 퇴근 후 자신의 관심분야를 공부하는 직장인인 '샐리던트'도 많아졌다. 비슷한 개념의 '워라하(Work and Life Harmony)' '워라인(Work and Life Integration)'이란 개념도 있다. 현대인은 일이든 개인 생활이든 삶의 가치를 향상시키고 의미 있는 인생을 살고 싶어 한다. 직장인이 가장 쉽게 할 수 있는 의미 있는 일, 자신의 가치를 향상시킬 수 있는 가장 좋은 방법이 바로 책쓰기다. 애써 힘들게 확보한 시간을 그냥 TV나 보며 흘려보내기보다 자신의 책쓰기에 써보자. 인생에서 지금 할 수 있는 가장 값진 행위가 될 것이다.

꾸준하게 글을 쓰는 일은 생각보다 쉽지 않다. 그러나 일단 짧더라도 글로 혹은 단어로라도 적어보는 습관을 들이면 나중에 좋은 글감이 되고 재산이 된다. 공자의 『논어』에 '위산일궤(爲山一簣)'란 말이 나온다. '태산을 만드는 것도 한 삼태기의 흙에서 시작한다'는 의미다. 바쁘디 바쁜 와중에 하나씩 적어가는 일상의 단어가 후에 멋진 책으로 탈바꿈하게 되는 것이다.

당신은 정말 글을 써본 적이 없을까
대한민국 최고 글쟁이들의 이야기를 담은 『글쓰기의 최소 원칙』이라는 책에서 소설가 김훈은 말한다.

인간의 언어에는 네 가지 범주가 있는데, 말하기, 읽기, 듣기 그리고 쓰기입니다. 그런데 말하기는 쓰기와 같은 것입니다. 이것은 내가 나를 드러내 보이는 행위입니다. 듣기와 읽기는 같은 것입니다. 이것은 내가 세상을 받아들이는 행위이죠. 언어에는 말하기와 듣기가 있는 것입니다.

김훈 작가는 쓰기가 말하기와 같은 것이라고 한다. 직장인치고 말을 잘 못하는 사람이 있을까. 표현 방법만 조금 다를 뿐이지 이미 자신을 드러내 보이는 행위를 충분히 하고 있다. 문학 작품을 포함해 수많은 책은 인간의 말하기 욕망이 빚은 산물이다.

『임금님 귀는 당나귀 귀』라는 우화에는 인간의 이런 욕망이 잘 드러난다. 임금의 비밀을 말하지 못해 시름시름 앓다가 혼자 대나무 숲에 가서 실컷 외친 후에야 속이 후련해진다. 비밀을 말하는 데 따른 죽음의 위험보다, 비밀을 폭로하고픈, 말하고 싶은 욕망을 절제하는 것이 더 힘들다는 것이다. 인간 내면에 내재된 말하기 욕망이 얼마나 큰지 잘 보여주는 이야기다. 우리는 누구나 말하고 싶은 이야기를 가득 담고 있는 존재다.

나는 하고 싶은 얘기가 있어서 책을 쓴다. 그냥 하고 싶은 것이 아니라, 목구멍 밑까지 차올라 도저히 내뱉지 않고는 배길 수 없는, 그런 정도로 하고 싶은 얘기가 있기 때문에 책을 쓴다.

유승수 작가는 『삶은 어떻게 책이 되는가』에서 자신이 책을 쓰는 이유는 '하고 싶은 얘기가 있어서'라고 한다. 평범한 직장인이 비록 자신을 잘 표현하지 않고 묵묵하게 살고 있지만 하고 싶은 말이 없어서가 아니라 참고 또 참고 사는 것이다. 그러나 그렇게 참기만 하면 병난다. 책쓰기는 자신이 세상에 하고 싶은 말을 공식적으로 후련하게 외칠 수 있는 기회다.

게다가 글을 써 본 적이 없다는 당신의 말이 정말일까. 직장에서의 일상을 돌아보자. 수많은 기획안과 보고서, 이메일 등 글쓰기와 관련된 것이 업무의 주를 이룬다. 회사에서 매니저급 이상 되면 업무의 50퍼센트 이상이 글쓰기와 관련이 있다는 통계자료도 있다. 게다가 요즘은 틈나는 대로 블로그를 비롯한 각종 SNS에 자신의 이야기를 업로드하고, 수많은 친구의 글에 댓글을 달아준다. 또한 하루 종일 카카오톡을 비롯한 각종 메신저나 문자를 보내는 당신은 이미 책을 쓰기에 충분한 글쓰기 훈련을 해온 사람이다.

주위를 둘러보면 일기나 혹은 하루의 여러 가지 일과 생각을 글로 옮겨 적는 습관을 가진 사람이 의외로 많다. 누구에게 보여주기 창피하고 어설프다며 글쓰기 코치인 내게도 자신의 글을 보여주길 꺼리는 사람도 있다. 이런 사람도 쓰기는 말하기와 같은 개념이라는 것을 인식하고 다른 사람의 반응을 참조하여 계속 쓰면 점점 솔직한 글을 쓰게 되고 그만큼 글 솜씨도 늘게 된다. 처음에는 글쓰기에 자신이 없었지만 어느 순간 자신이 쓴 글을 들여다보며 '내가 어떻게 이런 말을 생각해냈지?'라는 생각이 들며 뿌듯해지기도 한다.

글쓰기를 두려워하는 사람은 먼저 말하기의 욕망과 글쓰기의 욕망이 같은 것임을 알아야 한다. 주변에서 '내가 살아온 얘기를 책으로 쓰면 몇 권은 될 거다'고 하는 사람들을 심심치 않게 보아왔다. 우리 역시 각자 책 몇 권쯤 쓸 만한 삶의 이야기를 갖고 있다. 다만, 쓸 생각을 하지 않고, 책을 쓰지 못하는 이유를 애써 만들며 쓰지 않고 있을 뿐이다.

품격 있는 인생을 위해

덴마크에서는 여가시간에 무엇을 하느냐가 곧 그 사람의 사회적 지위를 보여준다고 한다. 틈날 때마다 책을 읽고 책을 쓰는 사람은 덴마크에 가면 아주 높은 사회적 지위를 인정받을 수 있을 것 같다.

누가 인정해주지 않아도 자신의 이름으로 책을 쓰면 자신이 살다간 흔적이 된다. 그것이 직장에서 체득한 전문적인 내용이든, 개인적인 관심으로 공부한 내용이든, 삶의 느낌을 촘촘히 적어간 글이든 상관없다. '호랑이는 죽어서 가죽을 남기고, 인간은 죽어서 이름을 남기지만, 직장인은 책을 남긴다'는 말은 오랜 시간 내 회사 책상에 붙어 있었다.

전문성을 활용한 책을 쓰면 자신의 경험과 지식을 체계적으로 정리하고, 관련 자료나 책을 찾아보고 정리해야 하므로 자신의 전문성은 더욱 증가한다. 삶에 대한 품격과 사랑의 눈을 지녀야 좋은 에세이를 쓸 수 있지만, 동시에 에세이를 쓸수록 삶의 품격과 사랑하는 자세를 몸에 익히게 된다.

사실 처음부터 나를 발견하려고 책을 썼다는 사람은 없다. 그러나 대부분 책을 쓰다 보니 자신을 발견했다고 한다. 열심히 살아가는 당신이 책을 써야 하는 이유다. 품격 있는 인생을 위해서 말이다.

2
전문성 강화

내가 가진 무엇이 책이 될 수 있을까

위대한 소설가 마크 트웨인의 전직은 기자였다. 골드러시 시대에는 누구나 그랬듯이 그도 금광을 찾아 샌프란시스코를 떠나 미주리 강가 마을에 정착했다. 그러나 그가 일하던 광산이 망하는 바람에 먹고 살려고 구한 직업이 마을의 조그만 신문사 기자였다. 1840년대, 금광이 있는 곳에는 술집, 싸움, 사기, 불륜, 도박 등 기삿거리가 넘쳐났다. 그런데 사람들이 생활의 안정을 찾아가면서 점점 싸움이 없는 날이 나타나자 기삿거리가 없어졌다. 그래서 이야기를 막 지어내었다가 편집장에게 '그렇게 맘대로 지어내려면 차라리 소설을 써라'며 혼이 났다. 그래서 소설가가 되었단다. 나를 둘러싼 모든 일이 글의 소재이고, 우리는 모두 잠재적인 작가다.

나만이 쓸 수 있는 이야기, 내 생각과 내면을 더 많이 드러내줄 수 있는 글감을 어디서 찾을 수 있을까. 내가 가장 먼저 살펴보기를 권하는 분야는 자신의 직업과 가장 자신 있는 업무다.

전문성이 더 강화된다

똑같은 생각을 가지고 똑같은 삶은 사는 사람은 없다. 60억 인구가 모두 독특한 인생을 살고 있다. 자신의 인생이 특별하다고 생각해도 되는 이유다. 그러므로 책으로 자신의 특별함을 알리고 싶은 당연한 욕구를 가져봄직하다.

처음 책을 쓸 때는 자신의 전문성과 관련된 분야가 좋다. 과거 SK브로드밴드에서 근무했던 조성기 팀장은 책 쓰는 직장인으로 유명했는데, 그는 주로 직장에서 일하다가 문제를 해결하는 과정에서 책의 주제를 찾았다. 가령, '경쟁사가 가격을 내리면 우리 회사도 따라서 가격을 내려야 할까'라는 고민에서 『가격의 경제학』이라는 책이 나왔고, '잘 팔리는 콘텐츠는 어떻게 만들어지는가'를 연구하는 과정에서 찾은 사례를 모아 『흥행의 법칙』을 집필했다고 한다.

자신의 경험과 지식을 책으로 쓰게 되면 오롯이 자신의 재산으로 축적된다. 오히려 자신이 몰랐던 것도 깨닫게 된다. 자신의 전문분야에 대한 책을 쓰게 되면 무엇을 모르고 있었는지 알게 되고 부족했던 부분도 충분히 보완할 수 있게 된다. 책을 집필하다 보면 자연히 그 분야에 깊이와 체계가 생겨 정리가 되고, 관련 분야도 더 깊이 배우게 된다. 책을 쓰면서 그 분야에 더 많은 자료를 모으고 깊이 공부하게 되기 때문이다. 책을 한권 쓰는 것이 때론 MBA과정보다 더 유익할 수도 있는 것이다.

무려 200백 권이 넘는 책을 쓴 한국책쓰기강사양성협회의 김태광 대표는 『마흔, 당신의 책을 써라』에서 "책을 집필하는 동안 자료를 모으고 고민하며 이론을 정리해 나가는 과정에서 제대로 된 진짜 공부를 할 수 있다. 책쓰기야말로 자기 분야의 전문가가 되는 가장 효과적이면서 쉽고 빠른 방법인 것이다"라고 강조한다.

지금 시대를 사는 직장인들이 가장 중요하게 생각하는 것이 성장이다. 자신이 성장할 수 있는지를 살펴보고 회사를 선택하곤 한다. 직장인들은 자신이 회사에 들어온 것을 기회로 삼아 최대한 많은 것을 배우고 습득하길 원한다. 책을 쓰게 되면 그 분야의 전문가가 되고 대외적으로도 전문가로 인정받게 된다. 책쓰기는 가장 효과적인 자기계발 방법이다. '지금의 나'보다 더 나아질 수 있는 가장 확실한 방법이기 때문이다. 많이 알기 때문에 쓰는 것이 아니라 쓰다 보면 더 많이 알게 된다.

또한 책을 쓰게 되면 심심치 않게 강연 요청이 오게 되는데 재직 중에도, 퇴직 후에도 해당 분야 전문가로 활동하며 수입까지 창출할 수 있다면 얼마나 멋진 일인가.

새로운 것을 배울 수 있다

한 분야의 전문가로 오래 일을 했다고 해도 업무와 관련된 모든 걸 알고 있는 것은 아니다. 자신이 한 회사에서 해당 분야의 가장 전문가라 해도 그 회사 내에서만 해당되는 이야기다. 회사 문을 열고 나가면 나보다 더 훌륭한 전문가들이 넘쳐난다. 책을 쓰게 되면 비슷한 분야의 서적을 참조하게 되고, 다른 전문가의 지식도 연구해야 하기 때문에 지금의 나보다 훨씬 나은 전문가로 성장한다.

책을 출간하고 싶어하지만 어떤 내용으로 글을 쓸 것인지 결정하지 못하는 사람도 많이 있다. 나는 책쓰기 코칭을 의뢰 받으면 첫 시간은 1대1로 워크숍을 진행한다. 일단 자신 안에 무엇이 있는지 끄집어내고, 어떤 주제가 책으로 연결될 수 있을지 함께 탐색하는 시간을 갖는다. 대부분 자신의 전문 분야나 오래 관여했던 일에 관한 주제를 선정하지만 가끔은 자신이 관심을 갖는 다른 분야나 혹은 업무와 전혀 상관없이 그저 자신이 좋아하는 일에 관한 주제를 선정할 때도 있다. 스포츠광으로 유명한 박혁수 신뢰리더십센터 대표는 자신이 좋아하는 스포츠 이야기를 묶어 세상 살아가는 통찰과 지혜를 제공해주는 『인사이트 스포츠』라는 책을 출간하기도 했다. 그리고 리더십 강연 등 활발한 활동을 이어가고 있다.

해당 분야에 오래 몸담은 전문가가 아니어도 어떤 분야에 지속적인 관심을 가져온 사람이라면 그 분야의 책을 쓸 자격이 있다. 오히려 더 새로운 관점으로 좋은 방향을 제시할 수 있다. 영화감독이나 시나리오 작가가 바둑기사보다 더 바둑을 잘 둬서 바둑 영화를 만드는 것이 아니다. 형사 생활을 해봐서 형사 영화를 제작하는 것도 아니다. 그러나 새로운 분야를 공부하고 영화를 만들어내는 동안 거의 그 분야의 전문가가 된다. 영화 『친구』의 곽경택 감독은 조폭의 세계를 이해하고자 실제로 조폭들과 함께 생활하기도 했다고 한다. 새로운 분야를 경험하면 책을 쓸 수 있는 스펙트럼이 늘어나고 인생은 더 다채로워진다.

책쓰기는 인생에서 가장 강력하고 의미 있는 자극이며, 생각지 못한 영감을 얻는 방법이기도 하다. 책을 쓰는 동안 자신도 몰랐던 사실을 깨달아 글로 풀어 설명하고 있는 놀라운 경험도 하게 된다.

책을 한권 쓰느라 고생을 많이 하면 일단은 다음 책을 쓸 엄두가 나지 않는다. 자신의 모든 것을 쏟아부었다고 생각하기 때문이다. 사실 그것이 정상적인 상태이기도 하다. 그러나 사람마다 조금씩 차이는 있겠으나 어느 정도 시간이 지나면 자신 안에 또 쓸 이야기가 쌓이고 있음을 느끼게 된다. 가뭄이 한창일 때 댐에 보관해 둔 물이 바닥을 보여도 비가 내리고 시간이 지나면 또 다시 물이 차는 것과 마찬가지다. 자신이 담당하고 있는 일이든, 과거에 경험했던 일이든, 자신을 둘러싼 환경과 트렌드에 관한 것이든, 자신이 관심을 가지고 흥미를 느끼는 다른 일이나 취미에 관한 일이든 상관없다. 인생 경험이 쌓이고 성장하면서 글의 소재는 계속 늘어난다. 시간이 지날수록 자신을 둘러싼 모든 것이 글감이 되는 흥미로운 경험을 하게 될 것이다.

한양대 정민 교수는 어려운 고전문학을 쉽고 재미있게 풀어 쓴 책을 많이 출간하여 이 시대 최고의 글쟁이로 평가받는다. 그는 글쓰기를 샘물 퍼내기와 펌프 물 퍼내기로 비유한다. '샘물은 퍼낼수록 고이니까 아껴 쓸 필요가 없고 쓸수록 생산적이 된다. 반면 하나를 쓰고 나면 그 다음에 뭘 써야 되나 고민하게 되는 글쓰기는 펌프 물 쓰는 것처럼 소모적인 글쓰기가 된다'는 것이다. 직장인의 글쓰기는 샘물 퍼내기다.

고무줄은 힘껏 당겨도 다시 예전의 모습으로 돌아간다. 그러나 책을 쓰면서 만난 아이디어를 온전히 포용하고 자신의 것으로 소화해 글로 표현할 정도로 마음을 넓히고 지식을 확대하면 고무줄처럼 예전 상태로 돌아가는 요요현상은 발생하지 않고, 더 큰 마음과 더 풍부한 지식을 소유한 상태가 된다. 일단 책을 쓰면서 지식 수준을 확장하고 책 쓰는 행위 자체의 경험을 내 것으로 만들면 내 그릇이 그만큼 커진다. 그리고 항상 샘물에서 물을 퍼내는 사람이 된다.

일상 속에서 수많은 영감과 아이디어가 떠오르지만 그저 흘려보냈던 적이 얼마나 많은가. 내 머릿속을 지나가는 수많은 생각을 잡아내는 것이 바로 글쓰기다. 이미 책으로 나와 있는 글이나 남들이 비슷한 경험을 소개한 글은 많다. 하지만 같은 경험을 했다고 해서 같은 생각을 하는 것은 아니다. 자신의 내면으로 소화해서 자신만의 스타일로 소화해내는 것이 개성 있는 글쓰기의 핵심이다. 책 쓰는 직장인은 그러면서 성장한다.

직장생활에 더 도움이 된다

"대부분 성공하는 글쟁이는 자기관리가 철저하고 합리주의적 기질이 무척 강하며, 일 처리 요령이나 대인관계가 직장인보다 더 원칙적인 경우가 많다. 한마디로 조직생활을 했어도 상당히 성공했을 스타일인 이들이 많다."

전 한겨레신문 기자 출신인 구본준 작가가 『한국의 글쟁이들』이란 책에서 한 말이다. 실제 여러 권의 책을 써보니 이 주장에 동의하게 된다. 책을 쓰는 것은 하나의 큰 프로젝트다. 기획력과 문제해결 능력, 실행력이 모두 필요하다. 게다가 성실함은 기본이고 전문성과 유연성, 의사소통 능력까지 필요한 작업이다. 책을 쓰는 작가라고 하면 두꺼운 뿔테 안경을 쓰고 입에는 담배를 문 채로 원고지나 종이

위에 글을 쓰다가 마음에 안 들면 그 종이를 마구 구겨서 던져버리고 고뇌에 빠지곤 하는 모습이 연상되던 시절이 있었다. 그러나 지금은 철저하게 프로세스로 진행된다. 담배도 없고 원고지도 없다. 소설도 즉흥적으로 이야기를 마구 써 내려가는 것이 아니라 뛰어난 기획력과 실행력이 필요하다. 유명한 시인이 시를 쓰는 작업을 지켜본 적이 있다. 기가 막히게 멋진 시어를 일필휘지로 써 내려가는 시인도 있겠지만, 그 시인은 자신의 시상을 표현해낼 만한 적합한 단어를 찾아내려 많은 노력을 하며 한편의 완성품을 위해 계속해서 다듬어간다는 느낌을 받았다. 역시 프로세스처럼 진행되는 것이었다. 노래의 가사를 쓰는 작사가도 이와 비슷한 형태로 작업을 한다.

결론은 회사에서 일을 잘 하는 사람이 책도 잘 쓴다는 것이다. 책쓰기는 프로세스를 따라 진행되는 장기간의 프로젝트이기 때문이다. 프로세스와 프로젝트가 일상인 평범한 직장인이 오히려 책쓰기에 유리한 면이 있다는 의미다.

책을 쓰게 되면 자신의 현재 업무를 포함해 과거 자료 정리, 분석, 연구 등을 하면서 과거 했던 일, 골치 아팠던 업무 등의 개선 포인트가 보이기도 한다. 조금만 생각해보면 훨씬 나은 방법이 있었는데 그렇게 못했던 점이 부끄럽기도 하다. 이런 점이 보인다는 것은 그동안 자신이 성장했거나, 책을 쓰면서 많이 배웠다는 의미다. 그러니 창피해하기보다 오히려 이런 점을 부각시켜서 그 깨달음을 쓰면 된다. 여전히 같은 과오를 범하고 있는 사람이 많을 것이기 때문이다. 본인이 오랜 시간 들여 깨달은 것을 독자에게 쉽게 전해주는 것이 작가의 중요한 역할 중 하나다.

업무와 관련된 책을 쓰게 되면 다른 사람들의 업무도 참조하게 된다. 비슷한 일을 하는 사람들, 타 회사 동종 업무 종사자는 모두 아이디어와 지식의 원천이다. 같은 업무라 해도 모두 같은 방식으로 처리하지는 않으므로 질문과 관찰로 나보다 나은 방식을 파악할 수도 있다. 평범한 업무에 생명력을 불어넣는 일도 역시 작가의 역할이다.

자신의 업무나 관심 분야 책을 쓰게 되면 더욱 전문가가 되고 자신감을 가지게 된다. 회사 내에서 한층 역량이 향상되고 모든 면에서 업그레이드된 자신을 발견하게 될 것이다.

3
퍼스널 브랜딩

나라는 상품을 어떻게 세상에 소개할 수 있을까

사회생활을 하면서 자신의 이름을 명함 이외에 다른 방법으로 사람들에게 알려줄 수 있다는 것은 의미가 크다.

지금은 누구나 자신을 잘 나타낼 수 있는 정체성과 신뢰성이 필요한 시대다. 퍼스널 브랜딩이 필수적이란 의미다. 퍼스널 브랜딩이란 용어는 톰 피터스가 1997년에 처음 소개한 개념인데, 자신을 브랜드화해 특정 분야에서 자신을 먼저 떠올리게 차별화하고, 가치를 높여 인정받도록 하는 과정으로 지금은 널리 사용되고 있다.

책쓰기는 최고의 퍼스널 브랜딩이다

그 어느 때보다 쉽게 정보를 공유하고 자신을 노출할 수 있는 세상에서 평범한 직장인조차 퍼스널 브랜딩은 개인적, 직업적 성공을 위해 필수적인 도구가 되었다. 특히 디지털 시대로 접어들면서 더 유행하고 있는 개념이다.

물론 단순히 이름이 널리 알려지는 것이 아니라 해당 분야에서의 정체성과 신뢰성이 기본이 되어야 한다. 전 국민이 다 아는 연쇄 살인범을 보고 퍼스널 브랜딩을 운운하지는 않는다. 정체성과 신뢰성을 기본으로 자신의 브랜드를 스스로 구축하고 발전시키려는 직장인이라면 책쓰기가 가장 좋은 방법이 될 수 있다.

요즘은 인공지능 챗봇인 ChatGPT나 구글 Bard, MS Bing 등에게 물어보면 자신이 오랜 시간 고민하고 정리한 내용을 불과 몇 초 만에 잘 정리해준다. 소름이 끼칠 정도다. 타인에게도 도움이 될 만한 자신만의 고유한 노하우나 스타일을 장착하고 있지 않다면 머지 않아 당신의 일은 당신보다 더 좋은 성과를 거두고 인건비도 적게 드는 누군가, 혹은 AI가 대신하게 될지도 모른다. 이런 상황에서 자신을 브랜딩하는 가장 효과적인 방법도 바로 책쓰기다. 당신이 쓴 책 한 권은 당신이 어떤 사람인지를 잘 설명해주는 훌륭한 인생 명함이 된다. 가장 훌륭한 자기 마케팅 수단이 되면서도 별다른 비용도 들어가지 않는다.

한 직장에 입사하여 정년퇴임까지 버티는 시기는 지났다. 지금은 안정된 직장에 속해 있고 딱히 이직을 염두에 두고 있지는 않더라도 시장에서 인정해줄 만한 전문 역량을 갖추고 있어야 한다. 급변하는 환경 속에 회사도, 내가 일하는 부서도, 내 일도, 나 자신도 계속 그 자리에 있을지는 장담할 수 없는 상황이기 때문이다. 자신만의 역량을 자신의 브랜드로 삼고 스스로 마케팅할 수 있어야 야생에서도 생존할 수 있는 것이다.

책쓰기는 자신이 습득한 지식과 경험을 종합적으로 정리해 진짜 자신의 것으로 만드는 과정이다. 회사가 내 인생을 책임져주지 않는다. 내가 내면에 소유하고 있으나 겉으로 드러나지 않던 것들을 잘 끄집어내서 이 지적 자산을 하나의 괜찮은 상품으로 탈바꿈시키는 것이다. 이 상품은 나뿐 아니라 다른 사람에게도 유용하게 사용되어진다. 회사에 다니면서도 남들 눈치 보지 않으면서 자신의 시간을 활용해 스스로의 가치를 창출하고, 그 가치를 높임으로서 스스로를 브랜딩할 수 있는 가장 좋은 방법 역시 책쓰기다. 비슷한 상황에 놓여 있는 많은 직장인 가운데서도 자신의 장점을 어필하고 전문성으로 차별화를 꾀할 수 있는 좋은 방법이다. 이것이 직장인에게 가장 좋은 퍼스널 브랜딩 방법이다.

그러나 책을 너무 경솔하고 급하게 쓰면 출간된 후에 후회가 남게 된다. 자신을 브랜딩하기는커녕 그 반대의 효과를 초래할 수도 있다. 자신이 존경하는 분께 선물해도 부끄럽지 않게, 그 분야 전문가가 봐도 당당할 수 있게, 가족에게도 자랑할 만하게 써야 한다. 힘들게 쓰는 첫 책은 단지 가족과 친구, 지인 몇 명에게 축하 받으려고 쓰는 것이 아니다. SNS의 대문 사진으로 책 사진을 걸어 놓기 위한 것도 아니다. 자신의 브랜드 가치를 높이고 회사 업무나 향후 비즈니스에서도 많은 도움을 얻기 위해서 쓰는 것이다. 힘들게 쓴 책이 생각만큼 판매가 되지 않아도 실망할 필요는 없다. 자신이 보기에 부끄럽지 않다면 분명 의미 있는 브랜딩 작업이다. 올림픽에서는 메달리스트만 의미 있는 것이 아니라 선수들이 참석 자체만으로도 큰 의미와 자부심을 느끼는 것과 마찬가지다. 그리고 책이 알차면 시간이 조금 걸리더라도 결국 대중들의 사랑을 받게 될 수도 있다.

책쓰기는 다른 경쟁자보다 돋보이게 하는 본인만의 차별화된 가치를 발견하고 이에 집중할 수 있게 만드는 가장 효율적인 퍼스널 브랜딩 방법이다

퍼스널 브랜딩은 미래를 위한 것이다
양민찬 작가는 『책쓰기, 40대를 바꾸다』에서 이렇게 강조한다.

첫 책은 나만의 '인생의 무기'가 하나 생긴 것이다. 더 나아가 앞으로 더 성장할 수 있는 발판을 마련해줄 것이며, 나만의 브랜딩을 선물해줄 것이기 때문이다.

직장인이 자신의 책을 쓰면 스스로에게 퍼스널 브랜딩을 선물해주는 것은 물론이고, 인생의 무기가 되어 앞으로 더 성장할 계기까지 마련해 줄 것이다. 실제로 이미 자신이 출간한 책으로 자신만의 브랜딩과 이후의 삶을 더 풍성하고 다양하게 이끌어가는 사람이 많다.
퍼스널 브랜딩할 때는 명확한 콘셉트와 방향성이 있어야 한다. 나라는 브랜드가 현역에 있을 때, 은퇴 후에 어떻게 보여지고, 어떻게 불려지길 원하는지, 어떻게 기억되길 원하는지 명확한 생각과 방향이 있어야 한다.

조직에 속해 있으면 지위나 타이틀, 속해 있는 부서나 업무상 발휘할 수 있는 힘과 상황을 자신의 실력이라고 착각하곤 한다. 그러나 진짜 실력은 그런 배경에서 벗어나는 순간 발휘된다. 피와 땀을

흘려 자신이 쌓아온 지식과 경험을 정리한 책이 있다면 온갖 무기를 잘 갖추고 전쟁터에 나가는 것처럼 든든하게 느껴질 것이다. 비즈니스임팩트 이재형 대표는 그의 책 『발가벗은 힘에서』 "흔들리는 나뭇가지에 앉은 새가 불안에 떨지 않는 이유는 자신의 날개를 믿기 때문이다. 우리에게도 스스로 믿고 의지할 날개가 있어야 한다"고 강조한다. 그리고 비즈니스 코칭계 최강자로 자리매김한 지금 돌아봐도 직장에 있으면서 썼던 책들이 자신의 날개가 되어줬다고 고백한다. 자신만의 지식과 경험, 생각을 녹여낸 책이 직장인에게 가장 강력한 날개가 되어줄 수 있다.

이런 생각이 있어야 책을 쓸 때 방향을 잡을 수 있다. 책에 현재 자신을 있게 한 과거의 이야기만 담으면 곤란하다. 툭하면 '내가 왕년에는 말야'라고 말하는 사람은 현재는 별 볼 일 없다는 말이다. 과거의 경험과 지식을 토대로 책을 쓰더라도 방향은 미래로 향해야 한다. 자신의 이름으로 된 책에는 과거와 현재, 그리고 미래가 모두 연결되어 있어야 한다는 의미다. 그래서 직장인이 책을 쓰게 되면 자연스레 자신의 미래에 대한 구체적이고 실질적인 고민을 하게 된다. 브랜딩이란 단어는 Brand에 ing가 붙는다. 현재 진행형이면서도 미래로 계속 연결된다는 의미다.

퍼스널 브랜딩이 잘 되어 있다면 회사 내에서 전문가로서의 입지 강화는 물론이고 대외적으로도 협업 제안, 강연 요청, 원고 요청, 프로모션 요청 등 많은 제안이 들어올 것이다. 내가 『6시그마 콘서트』라는 책을 출간했을 때 많은 기업에서 강연 요청이 오고 스카우트 제안을 했었다. 마찬가지로 당신의 전문성을 눈여겨 본 좋은 회사에서 지금보다 훨씬 나은 조건으로 스카우트 제안을 해 올 수도 있다. 사람들은 후에 관련 내용이 있으면 당신을 가장 먼저 떠올릴 것이다. 위대한 독자가 되기보다 평범한 저자가 되는 것이 미래를 위해 훨씬 생산적인 일이다.

4
인생의 플랜B 준비

남은 인생을 위해 무엇을 준비해야 할까

직장인들은 새로운 사람을 만나면 거의 예외 없이 서로 명함을 주고받는다. 어린 아이 손바닥보다 작은 명함에는 생각보다 많은 정보가 들어 있다. 회사 이름은 물론이고 그 사람의 현재 직책과 직급 등만 봐도 어떤 사람인지 알 수 있다. 그가 누구든 언젠가 퇴직을 하게 된다. 그가 회사 문을 나서는 순간 그 명함은 그저 종이 조각에 지나지 않는다. 오로지 자신의 이름과 실력만으로 승부해야 하는 상황이 된다. 퇴직 후의 삶은 현직에 있을 때 준비해 놔야 한다. 자신을 보호해주는 울타리가 없어질 때를 대비해 자신만의 독특한 인생 명함을 준비해야 한다. 당장 회사를 그만둘 생각이 없어도 어차피 언젠가는 회사를 나와야 한다. 천수를 누리고 은퇴를 한다 해도 이후 수십 년의 인생을 꾸려가야 한다.

게다가 지금은 은퇴 연령도 낮아지고 있다. 인생의 플랜B는 한창 회사생활에 열심일 때, 잘 나갈 때 미리 준비해야 한다. 지금 당신 주위에 퇴사 후 자신만의 브랜드를 구축하고 잘 나가는 사람들은 다 그렇게 미리 은퇴 혹은 퇴사 이후를 준비한 사람들이다. 복권처럼 운 좋게 밝은 미래가 내 무릎 위에 툭 하고 떨어질 리는 만무하다.

인생의 플랜B를 가지고 있는가

지금 팀장이나 매니저급 이상의 직함을 가진 사람은 거의 예외 없이 워커홀릭이다. 회사의 뼈대를 이루는 그들은 여유 시간도 없이 일을 너무 많이 했고, 그렇다고 돈을 충분하게 벌어 놓지도 못했다. 자신에게 있는 것이라고는 오로지 앞만 보고 익히고 배운 지식과 전문성뿐이다. 게다가 후배들이 계속 치고 올라오고, 심지어 자신의 일을 곧 AI가 대신 할 것 같은 위기감에 절벽으로 내몰리는 느낌이 든다. 곧 닥쳐올 미래에 대한 준비가 제대로 되어 있지 않음을 깨닫고 허겁지겁 마음을 다잡아봐도 무엇을 어디서부터 시작해야 하는지 헤매다가 시간만 자꾸 흘러간다. 그러면서 자꾸 〈나는 자연인이다〉〈도시어부〉 같은 TV프로그램으로 대리만족을 얻으며 하루하루 보낸다.

　〈퇴사학교〉〈인생2모작〉 등의 교육커리큘럼을 기웃거리고 퇴직한 선배들을 찾아 귀동냥을 얻기도 하지만 앞으로 어떻게 살아야 할지 도무지 감이 잡히지 않는다. 누구보다 열심히 살아와서 회사에서 올라갈 만큼 올라가고, 누릴 만큼 다 누린 다음 퇴직을 한 후에 여행도 다니고 평소 하고 싶었던 취미생활과 등산 등을 즐기며 '나 행복해'라고 하던 선배가 슬슬 다시 일을 시작하고 싶다고 하는 것을 들으면 평생직업의 시대라는 말이 실감이 간다. 그러나 현직에 있을 때 자신의 책을 써 놓은 사람은 가는 길이 한결 다른 경우가 많다. 힘든 직장생활 가운데서도 책을 쓰고자 결심한 사람은 그저 취미생활 정도로 생각하는 것이 아니기 때문이다. 절심함과 절박함이 있다. 이런 마음으로 쓴 책에서는 깊은 내공이 느껴진다. 고수의 진정성 있는 향기가 뿜어져 나온다.

기업에서 정년퇴직, 명예퇴직 등을 앞둔 사람을 대상으로 재테크를 강의하는 한 강사가 수강생에게 질문을 했다.

"통계적으로 여러분이 퇴직 후에 하게 되는 활동 중에 가장 수익률이 높은 활동이 무엇인지 아십니까?"

정답은 '아무것도 하지 않는 것'이었다. 과거에는 '카페라도 하나 차리지 뭐.' '치킨집이나 하면 되지 않겠어?'라고 생각했지만, 실제 이런 매장을 오픈해서 직장에서 받던 월급만큼은커녕 약간의 흑자를 내거나 투자금을 회수할 확률도 그리 높지 않다. 오히려 소중한 퇴직금만 날릴 뿐이다.

내가 사는 아파트 초입에는 조그만 점포가 몇 개 있는데 거의 일년 내내 새로운 점포가 들어왔다가 몇 달 후에 인테리어 공사 후 또 다른 업종의 가게가 문을 열곤 한다. 재미를 보는 것은 오로지 인테리어 업자들이다. 동네 골목에서 하는 구멍가게 장사도 젊어서부터 이 분야에서 뼈마디가 굵은 사람들을 따라가지 못한다. 아무리 열심히 해도 역부족이다. 회사에 몸담던 시절 수백억, 수천억을 굴리던 능력도 무용지물이다. 더구나 퇴직 후 자신만의 소점포를 차린 사람은 대부분 회사에서 일할 때보다 더 많은 시간을 쏟아 붓는다. 그러나 세상은 냉정하고 야속하다. 아메리칸 익스프레스의 사장을 지낸 수전 소보트는 이렇게 강조했다.

조직의 굴레를 벗어나기 위해 창업을 선택하는 사람이 많지만 그렇다고 조직에 몸 담고 있을 때보다 일하는 시간이 줄어든 사람은 단 한 명도 없다.

퇴사 후에 '열심히' 혹은 '성실하게'는 더 이상 성공의 보증수표가 아니다. 누구나 다 그렇게 열심히 성실하게 노력한다. 그러나 부모님에게 막대한 유산을 물려받은 처지가 아니라면 은퇴 혹은 퇴직 후의 삶이 더 나은 사람은 현직에 있을 때부터 준비한 사람이다. 그리고 충실한 직장인이 미래를 위해 당장 할 수 있는 일, 가장 효율적인 일은 자신의 전문성, 경험, 생각들을 소중하게 담은 책쓰기다. 평생 직업 개념이 사라지고 있는 요즘에는 평생교육과 글쓰기 능력이 필수가 되어가고 있다. 대학의 평생교육원이나 공립도서관, 주민센터 등에서도 글쓰기 강좌가 가장 인기가 많다. 그만큼 책 쓰는 직장인도 늘어나고 있다. 현재 조직에 몸담고 있는 직장인은 플랜B를 넘어 플랜C, 아니 플랜N이 필요한 시대를 맞이하고 있다.

조직의 울타리 안에서 살던 직장인은 직장을 떠나는 순간 멘탈이 붕괴된다. 휴대폰에는 수천 명의 연락처가 저장되어 있어도 점점 연락할 곳이 없어진다. 세상은 춥고, 할 일은 없고, 불러주는 데도 없다. 퇴직 후에도 계속해서 일할 수 있는 '평생직업'을 만들어 놓지 않고 '직장'만 열심히 다녔기 때문이다. 이게 당신의 현실이 될 수도 있다. 사실은 이때가 당신의 진짜 능력을 발휘해야 할 때다.

직장인인 당신이 '지금' 책을 써야 하는 5가지 이유

은퇴 후에 무엇을 하며 살아야 하지?

모든 직장인이 안고 있는 고민이다. 오랜 기간 직장에서 열심히 일했어도 은퇴 후의 삶이 막막한 경우가 많다. 열 명 중 한두 명이 고민하는 문제면 그것은 자신에게 원인이 있지만, 열 명 대부분이 고민한다면 사회구조적인 문제다. 그러나 역시 정부 탓, 사회 탓만 하고 있을 수는 없다. 바로 자신의 문제이기 때문이다. 은퇴 후의 삶을 진작부터 잘 준비해온 사람은 은퇴를 두려워하지 않는다. 오히려 은퇴의 시간을 기다린다. 기업도 핵심역량을 중심으로 사업 다각화를 해야 성장이 가능하듯이, 개인도 회사에서 쌓은 전문 역량을 제2의 인생 직업으로 이전할 수 있어야 성공 가능성이 높아진다.

은퇴준비를 하는 연령대가 매우 빨라졌다. 전에는 정년퇴직이 가시권에 들어오는 오십 대가 되어서야 은퇴준비를 했지만 지금은 30대 중반부터 '내 일' 혹은 '자기 사업'을 준비하는 사람이 많다. 회사가 자신의 인생을 책임져주지 못하는 현실이 피부에 와 닿기 때문이다. 최근에는 직업도 다양해지고 돈벌이 방법도 많이 생겼다. 그러나 그런 일들이 회사 생활만 열심히 하던 사람에게 저절로 주어지는 것이 아니다. 치열하게 그리고 치밀하게 인생 2막을 준비해야 한다.

책쓰기는 직장인에게 제2의 인생을 준비하고 평생 현역으로 갈 수 있는 디딤돌이 될 수 있다. 막상 책을 쓰다 보면 미처 몰랐던 자신의 재능을 발견할 수도 있고, 은퇴 후 하고 싶은 일, 할 수 있는 일을 찾게 되기도 한다. 피터 드러커의 전성기는 60세에서 시작해서 90세까지 무려 30년 동안 지속되었다고 한다. 결코 '너무 늦었어'라고 생각하지 말기를 바란다.

회사에 재직 중일 때『스마트하게 경영하고 두려움 없이 실행하라』,『전략을 혁신하라』등 4권의 책을 쓴 비즈니스임팩트 이재형 대표는 그 때 가졌던 고민을 이렇게 털어놓는다.

직장만 열심히 다닐 게 아니라 평생 할 수 있는 '직업'이라는 것을 만들어야겠다는 생각이 들었다. 시간이 흐른다고 미래가 되지는 않는다. 욜로 라이프가 미래를 책임져주지도 않는다. '회사가 전쟁터면 밖은 지옥'이라는데, 어차피 퇴직 후 지옥으로 가야 한다면, 지옥에 갈 준비를 미리 해두는 것이 현명하지 않을까!

이재형,『발가벗은 힘』, 아비요, 2019

그래서 결심한 것이 자신의 책을 쓰자는 것이었다고 한다. 그는 재직시절 쓴 책을 바탕으로 강연도 많이 했다 여러 언론사의 칼럼도 쓰면서 스스로 부족함을 느껴 박사과정까지 마쳤다. 그리고 자신만의 브랜드를 구축하여 2022년 '올해의 코치상'을 수상할 정도로 가장 인기 있는 비즈니스 코치이자 강연가로 자리잡았다. 그는 직장에 속해 있을 때보다 지금의 삶에 훨씬 더 만족해하며 자신의 상황을 이렇게 설명한다.

퇴사 후 저는 가슴이 원하는 일, 의미 있는 일을 하면서 수입은 더 많아졌고, 보다 자유로운 인생을 살고 있습니다. 가족과 함께 보내는 시간도 많아졌고, 언제든 여행을 떠날 수 있다는 마음의 여유도 생겼지요. 내가 꿈꾸고 계획한 일들이 실제로 눈앞에서 펼쳐지고 있는 것입니다. 물론 마음 한편에는 늘 불안감이 존재합니다. 하지만 직장인으로 살아갈 때도 불안하기는 마찬가지였습니다. 그렇다면 '직장인'보다 내 삶을 주도적으로 살아가는 '평생 직업인'으로 살아가는 게 훨씬 낫지 않을까요?

직장인이라면 누구나 미래가 걱정되지만 지금은 걱정할 때가 아니라 고민할 때다. 은퇴 후를 어떻게 살아야 할지, 세상에 어떤 존재가 되고 싶은지, 후회 없는 삶이란 무엇인지, 내가 좋아하고 잘하는 일을 하면서 살 수 있는지, 지금까지 쌓아온 자신의 역량을 평생 직업과 어떻게 연결할지 고민할 때다. 책쓰기는 이런 인생의 중요한 고민에 중요한 해답을 제공할 수 있다

사람들이 흔히 말하는 '돈'과 '명예'를 보고 책쓰는 길로 들어선 게 아니다. 다들 잘 알겠지만 이 길은 저 둘과 오히려 아주 먼 사이다. 처음으로 머리가 아닌 가슴이 시킨 일이다.
이지니, 『무명 작가지만 글쓰기로 먹고 삽니다』, 세나북스, 2021

직장에 다니다가 글을 쓰고 싶어 작가의 길에 들어서 에세이 작가와 글쓰기 강좌 등으로 직장에서보다 더 높은 수익을 올리면서 즐겁게 살고 있는 이지니 작가는 자신의 책 제목대로 글쓰기로 먹고 살고 있다. 가슴이 시킨 일을 했기 때문이다. 그리고 이후에도 몇 권의 책을 더 쓴 그는 더 이상 무명작가가 아니다.

5
자신을 응원하기

자신을 얼마나 아껴주고 있는가

인간의 편리를 돕기 위한 각종 기술이 개발되어 우리의 일상 깊숙이 관여하고 있다. 심지어 손 하나 까딱 하지 않고도 차를 몰고 출퇴근 할 수 있는 날이 도래했다. 조금 더 있으면 하늘로 날아서 회사에 갈 수 있을 것 같다. 아예 출근을 하지 않고 집에서 일해도 문제가 없다. 그런데 이 시대를 살고 있는 사람들, 특히 직장인들은 과연 기술이 발달한 만큼 더 행복하게 살고 있을까. 겉으로는 여러모로 편리한 생활을 누리고 있지만 오히려 현대인은 엄청난 스트레스와 숱한 마음의 병에 시달리고 있다.

요즘 같으면 다시 젊은 시절로 돌아간다 해도 나는 대학에 들어가기도 힘들 것 같고, 취업은 더더욱 어려울 것 같다는 생각이 든다. 직장인만 놓고 봐도 신입급 직원은 입시경쟁 속에서 자라온 환경과 직장 문화가 너무 다르고 주어진 업무도 자신이 하고 싶은 일과 해야 하는 일이 달라 힘들다. 팀장급 직원은 위로부터 내려오는 압력과 책임은 더 커져가는데 손과 발이 되어 일해야 하는 부하직원과는 소통이 잘 되지 않는다. 임원이라 해도 마찬가지다. 일년 단위의 성과로 목숨이 왔다갔다하는데 자신이 평사원 시절 했던 것처럼 헌신적으로 회사와 윗사람을 위해 일하는 직원을 찾아보기 힘들다. 오히려 꼰대라는 소리를 듣지 않기 위해 라떼도 먹지 않고 직원들의 눈치를 보다가 하루가 다 간다. 직장인은 지위고하를 막론하고 모두가 힘들어한다. 뭔가 대책이 필요하다.

스스로를 위한 치료자가 되어야 한다

심리학 박사이자 대학에서 작업치료학을 가르치는 윤정애 교수는 생과 사를 넘나드는 공황장애의 긴 터널을 건너왔다. 수년 간 자살 충동의 위험도 넘겼고 휴직도 여러 번 해야 했다. 그 분야의 전문가라서 공황장애의 이유와 자신의 몸에서 일어나는 변화, 그리고 그 원인 등에 대해 이론상으로는 잘 알지만 막상 본인이 그 상황에 놓여 있을 때는 말로 표현할 수 없을 정도로 힘들었다고 한다. 자신의 상태를 이렇게 설명한다.

> 남들에게는 평범한 일상이 나에겐 늘 살얼음판 같았고 하루하루 불안감에 떨며 시간을 움츠린 채 보냈습니다. 세상이 나에게는 적대적으로 느껴졌고 사람들에 대한 불신과 마음으로 마음의 문을 굳게 닫은 채 살았지요.

수년간의 피나는 노력 끝에 공황장애를 이겨내면서 윤 교수가 결심한 것은 책을 쓰는 일이었다. 본인에게도 치유 효과가 있고, 자신이 겪은 극심한 고통을 겪은 사람들을 글로 돕고 싶은 마음에서다.

먼저 경험한 내가 공황으로 아파하는 사람들에게 전할 수 있는 것이 무엇일지를 고민했다. 혼자 일기를 써보기도 했고 블로그에 나의 마음을 공유하기도 했다. 그러다 문득 '책을 쓰자!'라는 답을 얻게 되었다. 그리고 곧 책을 쓰기 시작했다. 온 마음에 나를 가득 채우니 마치 우주가 도와주는 듯했다.

윤정애, 『공황장애가 내게 가르쳐준 것들』, 미다스북스, 2021

책을 쓰는 일은 텅 빈 자신의 마음을 풍성하게 채우는 일이다. 듬성듬성한 마음의 구멍을 메워주는 일이다. 힘겨운 인생을 살아오는 동안 너덜너덜해진 마음을 스스로 감싸 안아주는 행위다. 책을 쓰는 일은 놀라운 치유 효과가 있다. 책을 쓰는 일에 몰입하게 되면 삶이 풍성해지는 느낌과 우주가 도와주는 느낌까지도 경험할 수 있다. 험한 인생을 살아내느라 병든 마음도 치유하는 효과를 누릴 수 있고, 또 누군가의 인생에 중요한 영향을 미칠 수 있으니 그만큼 가치 있는 일을 하는 것이기 때문이다. '책 한권 쓰는데 뭐 그렇게까지 거창할 일인가?'라고 반문하는 사람도 있을 것이다. 내가 바로 그 치유 효과를 경험한 사람이다. 그래서 직장생활을 하면서 첫 책을 쓴 이래 쉬지 않고 계속 책을 써왔다. 책을 쓰는 일이 힘든 직장생활을 견디게 해주고 아픈 상처를 회복시켜주는 치료제가 되어주었다.

'지금보다 상황이 조금 더 나아지면 책을 쓸게요'라고 하는 사람들이 있다. 본인의 인생을 돌아보라. 직장생활을 시작한 이래 전보다 몸과 마음이 더 편해진 날이 있었는가. 겉으로 보기에는 번듯한 직장에서 승진도 하고, 중요한 직책도 맡으면서 그럴듯해 보이지만 그 내면을 들여다보면 숯검정처럼 새까맣게 변해 있다. 연봉이 상승한 것보다 더 많은 부담과 스트레스를 안고 살아야 한다. 취미생활로 스트레스를 풀려고 노력해 보기도 하고, 좋은 사람을 만나 기분전환도 하고, 술을 마시며 현실을 잊으려고도 해보지만 그때뿐이고 결국은 거센 폭풍우가 부는 광야에 덩그러니 놓인 듯한 자신을 발견하곤 한다. 안타까운 현실이지만 그런 생활은 직장생활 내내 지속될 것이다. 그러니 지금보다 조금 더 상황이 나아질 때 글을 쓴다는 말은 글을 쓰지 않겠다는 말과 같다.

아무리 행복한 인생이라도 아주 작은 불행이 닥치면 그 순간은 인생 전체가 불행하다고 느껴지는 것이 인간의 마음이다. 직장생활이 힘들었던 조안나 작가는 그래서 글을 썼다고 한다.

> 나는 행복할 때보다 불행할 때 글을 더 많이 썼다. 행복은 글을 필요치 않을 때가 많다. 조용하지만 무척 폭력적인 침묵이 감도는 사무실에서 어디까지나 잡다한 심경에서 적어 내려간 글이었다.
>
> 조안나, 『월요일의 문장들』, 지금이책, 2017

글쓰기에는 치유 효과가 있다. 글을 모아 책으로 내는 것도 마찬가지다. 이 효과를 경험한 사람은 어려운 상황에서도 계속 책을 쓰게 된다. 겉으로는 평범해 보여도 각종 트라우마로 힘들어하는 사람도 많다. 어렸을 적 경험의 트라우마로 성인이 되어서도 힘들어했던 자신을 세상 밖으로 꺼내준 것이 글쓰기였다는 이상주 작가는 자신의 책 『글쓰기로 내면의 상처를 치유하다』에서 이렇게 고백한다.

글을 쓰면서 내 안에 있는 모든 것을 꺼내보았다. 쓰면 쓸수록 부족한 나도 만나보고 가슴 아픈 상처들도 직면했지만 꺼내면 꺼낼수록 상처는 옅어지고 나는 더 단단해져가는 것을 느낄 수 있었다. 마음의 상처가 치유되었고 놀랍도록 회복되었다. 꺼내는 것만으로도 요동치던 심장이 잔잔해져갔다. 글을 통해 많은 변화가 일어났다. 자신감이 생겼고 더 적극적인 사고를 하게 되었다. 내 책과 내가 하나여야 하기에 더 솔직해지기 시작했다. 매일 글을 쓰는 습관으로 인해 생각의 폭이 넓어지고, 책을 보는 습관으로 인해 많은 경험을 맛보고 있다.

이상주 작가는 글쓰기를, 주저 않고 싶을 때 앉아서 쉴 수 있는 의자로 비유한다. 글을 쓰는 일은 언제 어디에서나 편안한 의자처럼 자신을 쉬게 만들어주었다는 것이다. 글을 쓰기 시작하면서 인생이 바뀐 것이다. 내면의 상처가 치유되고, 자신감이 회복되면서 눈은 자신에게 놓인 내일로 향하게 된다.

'누군가 죽으면 나의 일이 시작 된다'는 특수청소전문가는 죽음 언저리에서 일하는 사람이다. 누군가 홀로 죽은 집, 쓰레기가 산처럼 쌓인 집, 오물이나 동물 사체로 가득한 집…. 쉽사리 볼 수도, 치울 수도 없는 곳을 청소하는 특수청소업체 '하드웍스'의 김완 대표는 누군

직장인인 당신이 '지금' 책을 써야 하는 5가지 이유

가에게 꼭 필요한 서비스를 제공하고 있다는 자부심과 사명감으로 일을 하고 있지만 고독사를 비롯한 쓸쓸한 죽음, 산더미 같은 오물, 지워지지 않는 냄새로 가득 찬 자신의 일상에서 받는 고통과 슬픔에 압도될 때『죽은 자의 집 청소』라는 책을 쓰면서 치유 받았다고 고백한다. 또한 자신이 쓴 책으로 밝은 곳만 비추고 찾아다니는 이 세대에 어두운 곳에도 누군가 살고 있음을 알려주게 되었으니 직장생활을 하며 자신이 쓴 글로 선한 영향력을 끼치는 사람이라 할 수 있다.

직장인은 누구나 힘들고 어려운 상황을 이겨내는 생활을 하고 있다. 자신의 마음을 끄집어내는 글을 쓰고, 인생의 가치를 더 높여줄 책을 쓰는 일은 스스로를 치유해주는 효과가 있는 것이다. 그런 책은 자신뿐 아니라 다른 사람의 인생도 어루만져주는 책이 된다.

자신을 위한 응원단장이 되라

꼭 내가 뭐 좀 해보려고 하면 금융 위기, 불경기, 은행 파산, 전쟁, 팬데믹 등의 사건이 일어나서 늘 어려움을 겪었고, 그래서 뭔가 새로운 일을 시작하기 두렵다는 사람이 있다. 그러나 잘 생각해보면 그런 일은 사실 늘상 있는 것이다. 나도 신입으로 입사한 이듬해 바로 IMF라는 강적을 만나 회사의 문화에 적응하기도 전에 구조조정이라는 폭풍을 온 몸으로 겪고 지나와야 했다. 바다가 잔잔해 보이지만 가까이서 보면 크든 작든 계속 파도가 일렁인다. 잔잔한 바다는 없다. 직장인은 모두 이 자신만의 파도와 싸우며 살아나가는 사람들이다.

20세기를 대표하는 사상가이자 의사로서 나치 강제 수용소에서 기적적으로 살아온 빅터 프랭클은『죽음의 수용소에서』에서 한줌의 희망도 찾아볼 수 없는 절망 가운데서도 계속 씻었던 사람, 면도라도 했던 사람은 살아남았다고 기록하며 '나를 죽이지 못한 것은 나를 더욱 강하게 만든다'라고 강조했다. 감정의 동물인 사람은 누구나 삶에서 희로애락을 느낀다. 기쁘고 즐거운 시간은 빨리 지나가버리고 슬프고 힘든 일만 기억날 때가 많다. 살다 보면 뜻대로 되지 않아 지치고 힘들 때가 분명 있다. 그 누구의 말도 위로가 되지 않는다. 그럴 때는 글로 자신을 위로하는 것이 좋은 방법이다. 스스로를 격려해주는 셀프 응원단장이 되는 것이다. 어떤 말도 위로가 안 될 때에도 내가 나에게 하는 말은 신기하게 위로의 힘이 생겨난다. 글을 쓰는 일은 스스로의 삶을 응원하는 일이다.

스스로 자신을 존중하지 않는 나를 다른 사람이 존중해줄 수는 없다. 현대 직장인은 자기 스스로를 격려하고 위로해주는 법을 배워야 건강한 몸과 마음으로 살아갈 수 있다. 글을 쓰는 것은 자신의 당당함을 세상에 외치는 일이다. 글을 쓰다 보면 외로움을 잊게 된다. 잔잔한 향기를 내뿜으며 어디서나 빛을 발하는 사람이 될 수 있다.

글을 쓰는 일은 미래의 자신과 대화하는 것이다. 과거에 써 놓은 글을 읽다 보면 많은 일을 경험하게 된다. 어제의 나와 오늘의 나는 다르고 또 내일의 나는 다르다. 그렇지만 그 모든 모습이 자기 자신이다. 과거에 써 놓은 글에서 일련의 생각과 행동을 살펴보면 큼직하게 그려지는 삶의 파동을 발견할 수 있게 된다. 나도 종종 예전에 쓴 글을 들춰보는데, 과거의 나에게서 배울 때도 있고 위로 받을 때도 많다. 부족함 투성이었던 과거지만 그래도 반짝이는 생각을 간직하고 있었음을 확인하며 내가 살아온 인생을 쓰다듬게 된다.

직장인인 당신이 '지금' 책을 써야 하는 5가지 이유

책을 쓰겠다고 결심하고 힘든 과정을 거쳐 책을 받아 들게 되는 순간 느끼는 기분은 마치 자식을 낳은 기분이다. 서점에 가서 누가 내 책을 들춰보는지, 어떻게 생긴 사람이 내 책을 사가는지 지켜보면서 하루 종일 서 있어도 피곤한 줄 모른다. 어려운 과정을 겪고 만만치 않은 도전을 이겨냈기에 큰 성취감도 느낀다. 또한 힘든 직장생활을 견뎌내면서도 자신의 책을 낸 일은 자신을 응원해주는 가족에게도 큰 의미가 된다. 나는 모든 책의 서문에 아내와 아이들의 실명을 쓰며 감사의 마음을 전한다. 나중에 내가 이 세상에 없어도 남편의 마음, 부모의 마음을 오랜 시간 기억해줄 것이기 때문이다. 직장에 다니면서 책을 쓰기로 결심하고 끈기 있게 매달려 결국 자신의 이름으로 된 책을 받아 드는 일은 삶을 더 풍요롭게 하고 남모르는 행복감으로 인생을 더욱 가치 있게 만드는 일이다.

궁극적으로 글쓰기란 작품을 읽는 이들의 삶을 풍요하게 하고 아울러 작가 자신의 삶도 풍요롭게 해준다. 글쓰기의 목적은 살아남고 이겨내고 일어서는 것이다. 행복해지는 것이다.

스티븐 킹, 『유혹하는 글쓰기』, 김영사, 2002

2부

책을 잘 쓰기 위한 '5가지' 습관

(1) 책을 많이 읽자
(2) 글 재료를 많이 모으자
(3) 메모하는 습관을 들이자
(4) 일단 많이 쓰자
(5) 글 쓰는 장소와 시간을 확보하자

나는 작가가 되는 데 재능보다 훨씬 더 중요한 것은 끝없이 초보자의 자세를 유지하면서 기꺼이 배우는 사람이 되겠다는 자세라고 굳게 믿는다.

바버라 베이그

초보 작가들은 주제나 콘셉트를 정한 후 바로 원고 쓰기에 돌입한다. 그러나 지금은 원고를 쓸 시간이 아니라 책 쓸 체력을 갖출 시간이다. 책을 쓰는 일은 어느 날 하늘에서 뚝 떨어지는 것이 아니다. 돈을 많이 투입한다고 자판기에서 덜컥 얻을 수 있는 것도 아니다. 단계적으로 꾸준하게 해야 하는 일이다. 글을 쓰는 작업은 하나의 과정이고 긴 여정이다.

어떤 사람은 '나는 책을 쓸만한 창의성이 없어!'라고 생각할지 모른다. 창의성은 누구에게나 있다. 직장인이 책을 쓰기 위해 필요한 창의성이란 시나 소설 같은 문학 장르에서 요구하는 상상력이 아니다. J.K. 롤링처럼 카페에서 우는 아이를 달래가며 글을 쓴다고 해서 『해리포터』 같은 작품이 써지는 것은 아니다. 직장인이 책을 쓰기 위해 필요한 창의성은 본인의 내면에 간직하고 있는 전문성, 경험, 생각을 찾아내어 말과 글로 표현하는 능력이다. 그리고 우리는 이미 학창시절과 직장생활, 그리고 다양한 사회생활에서 이 능력을 발휘해 왔다. 그리고 의외로 많은 사람이 논문을 작성해 본 경험도 있다.

수많은 사람이 이러한 자신의 능력을 인식하지 못하는 것은 대체로 시험과 점수에 매달리는 교육 체제에서 성장해왔기 때문이다. 또한 계기가 없었기 때문이기도 하다. 그러나 우리 안에서 창의성이 아무리 오랫동안 잠자고 있다고 해도 언제든지 이 능력을 깨울 수 있다. 접착력이 떨어져 실패한 것으로 생각했던 제품이 오히려 대히트를 치게 된 포스트잇이나, 심장질환 치료제로 개발되었으나 엉뚱하게 발기부전 치료제로 효과가 나타난 비아그라처럼 책을 쓰다 보면 생각지도 못했던 자신의 장점과 재능을 발견하곤 한다.

이런 능력은 특별한 사람에게만 있다고 생각하는 가정이야말로 자신의 발전을 저해한다. 대부분의 사람은 글쓰기에 필요한 최소한의 창의성과 능력을 가지고 있다. 누구나 조금씩은 문필가나 소설가의 재능을 갖고 태어난다. 그 재능을 더욱 갈고 닦으면 얼마든지 발전시킬 수 있다. 에디슨이나 모차르트의 창의성을 의미하는 것이 아니기 때문이다. 문학적으로 뛰어난 능력을 타고나는 작가도 있지만 대부분의 작가는 만들어진다. 바버라 베이그는 『하버드 글쓰기 강의』에서 이렇게 강조한다.

문제는 '내게는 어떤 재능이 있는가'가 아니라, '내가 진정 원하는 것을 할 의지가 있는가'이다.

이제 당신 안에 잠자고 있는 창의성을 끄집어 낼 시간이다. 그것은 의지의 문제다. 이 창의성은 타고난 부분도 있지만 평범한 직장인이 책을 쓰는데 필요한 창의성은 대부분 만들어지고 개발되어진다.

책을 잘 쓰기 위한 '5가지' 습관

책쓰기란 가지 않았던 길을 향한 긴 여행이고 언젠가 올라가고자 생각하고 있던 산봉우리를 향한 모험이며 도전이다. 에베레스트 원정대는 베이스캠프에서 도전을 시작한 후 며칠 만에 정상 정복 여부가 판가름나지만 이 도전을 위해 2년 이상을 준비한다. 동네 뒷산도 올라본 적이 없는 사람이 에베레스트의 높은 산을 오르기로 결심하면 체력을 기르고, 고산 적응 훈련을 포함해 오랜 시간 준비를 해야 한다. 비용도 마련하고, 필요한 장비 구매와 극한 상황에서의 생존법도 충분히 익혀 놓아야 한다. 마찬가지로 책쓰기 도전에도 긴 호흡이 필요하다. 어떤 준비를 하는 게 좋을까.

1
책을 많이 읽자

독서와 글쓰기는 떼려야 뗄 수 없는 관계에 있다. 책을 읽지 않으면 생각할 수 없고, 생각하지 않으면 글을 쓸 수 없다. 따라서 독서 없이 글을 잘 쓸 수 없으며, 글을 잘 쓰는 사람치고 책을 멀리하는 사람은 없다.
강원국, 『대통령의 글쓰기』, 메디치, 2017

책을 쓰고 싶어하는 사람이 많아졌다. 그러나 갈수록 사람들이 책을 읽지 않는다. 우리나라 독서율은 세계 주요국 사이에서도 저조하다. 영화, 음악, 음식, 패션, 뷰티 등 K콘텐츠가 세계적인 주목을 받고 있지만 책과 관련한 지표를 살펴보면 암담하다. 우리나라 성인의 독서율은 2013년 71.4%에서 2021년에는 40.7%로 수직 낙하했다. 책을 읽는 사람이 10명 중 4명이라는 의미다. 책을 읽는다 해도 연간 인당 독서량이 평균 4권에서 7권 정도여서 일본의 50~70권 정도에 비교하면 부끄러운 수준이다.

또한 '2021 독서진흥에 관한 연차보고서'에 의하면 독일의 통계 조사기관인 스타티스타가 세계 주요국 17개국의 15세 이상 2만2천

명을 대상으로 조사한 '국제 독서 빈도 조사'에서도 한국인은 '거의 매일'이 13%, '1주일에 1회 이상'이 24%에 불과해 조사국 중 최하위 수준으로 파악되었다. 스마트폰 등의 영향도 있겠으나 다른 나라 사람들도 스마트폰을 사용하고 있고, 스마트폰으로 보는 전자책, 웹소설 등을 합친 결과이니 따로 변명할 여지가 없다.

한마디로 책을 쓰고 싶은 사람은 늘어나고, 책을 읽는 사람은 줄어드는 상황이다. 국내에서 책을 써서 독자의 손에 들려지기까지는 더 심한 경쟁을 뚫어야 한다. 책을 써봐야 소용없다는 의미가 아니라 현실이 그렇다는 얘기다. 그러니 단지 저자라는 타이틀을 위해 수준 낮고 허접한 책을 낼 것이 아니라 이왕이면 잘 준비해서 스스로 부끄럽지 않고 까다로운 독자들에게도 사랑받는 책을 쓰자는 의미다. 그러기 위해서는 급한 마음을 덜어내고 알차게 준비해야 한다. 책을 쓰고자 하는 사람이 가장 먼저 해야하는 준비는 책을 읽는 것이다.

먼저 책을 좋아하라

"책을 쓰고 싶은데 무엇을 준비해야 할까요?"

나는 이런 질문을 받으면 우선 '책을 좋아하라'고 한다. '책을 읽어라'는 말은 의지만 있으면 따라 할 수 있다. 행위의 영역이기 때문이다. 그러나 '좋아하라'는 것은 감성의 영역이다. 억지로 되는 일은 아니다. 물론 노력하면 가능하다. 별다른 감흥이 없는 사람도 자꾸 만나다 보면 정이 들고, 괜찮은 점도 보이고, 급기야 좋아하게 되기도 한다. 친구의 친구를 만났을 때 처음에는 별다른 느낌이 없다가 계속 함께 어울리면서 연인으로 발전하는 경우가 많다. '저는 책과 별로 친하지 않아요'라고 생각하는 사람은 우선 책을 가까이 하는 연습을 하는 것이 좋다. 회사든, 집의 서재나 책상이든, 가방이든 늘 손을 뻗으면 닿는 곳에 책을 놓아둘 것을 권한다.

자신의 관심분야나 취미, 좋아하는 내용의 책은 그나마 읽기 쉽다. 가끔은 대형 서점에 가서 베스트셀러 코너를 둘러 보고 어떤 책이 유행하는지, 어떤 내용의 책이 많이 팔리는지, 본인이 흥미있는 분야의 책을 들여다보며 어떤 식으로 제목을 지었는지, 나라면 제목을 어떻게 지을지, 하다못해 책의 디자인과 색깔이 예쁜 책들은 어떤 게 있는지 살펴보는 습관을 들이면 책과 조금 더 가까워지게 된다.

내가 어린 시절에는 아이가 있는 집이라면 집집마다 세계문학전집이나 한국문학전집 혹은 위인전이 꽂혀 있었다. 먹고 살기 어려운 시기를 거치면서도 남다른 교육열을 보유한 부모님들 덕분이기도 했지만, 그 시기에는 책 방문판매가 많아서 지금의 보험처럼 지인으로부터 책을 세트로 구매하는 경우가 많았다. 할부로라도 책을 사 놓으면 아이들 교육에도 긍정적인 영향을 미치고 허름한 집 안에 그럴듯한 책이 세트로 꽂혀 있으면 저절로 집안 분위기가 고급스러워지는 인테리어 효과도 있었다.

그렇게 오랜 시간 꽂혀 있던 책들은 시간이 지나 그대로 헌 책방으로 직행한 경우도 있었지만 나의 경우는 다행히 그 책들이 수시로 말을 걸어와서 집에 꽂혀 있던 책을 거의 다 꺼내 읽었다. 읽을 것이 부족하던 시대라 방학 때마다 읽었던 책을 또 읽거나, 친구 집에 갈 때마다 내가 가지고 있지 않은 책을 빌려다 읽기도 했다. 그때의 독서 경험이 평생 책을 읽고 심지어 책을 쓰게 되리라고는 생각하지 못했다. 내 인생에 엄청나게 큰 영향을 미친 것이다. 우리나라 최고 권위의 생물학자이자 통섭학자로 불리는 이화여대 최재천 교수도 방송에 나와서, '어릴 적 어머니가 사다 놓으신 세계동화전집, 동아백과사전, 한국단편문학전집이 과학자로 성장한 나에게 자양분이 되었다'고 회고했다. 읽을 것이 없으면 동네 만화방에라도 가서 옆에 책을 쌓아놓고 읽었던 기억이 난다. 요즘에는 동네마다 도서관이 있고 심지어 초·중·고등학교 도서관도 지역주민에게 개방하고 책을 대여해줘 마음만 먹으면 얼마든지 책을 빌려 읽을 수도 있다. 게다가 중고서점을 이용하면 저렴한 가격에 원하는 책을 구매할 수도 있다. 서점에 갈 여유가 없으면 인터넷으로 구매하면 되고, 책을 들고 읽기가 어려우면 전자책을 이용하면 된다.

한국 현대소설의 거목인 박완서 작가는 느지막이 작가를 꿈꾸는 사람들에게 큰 용기를 준다. 남들보다 훨씬 늦은 나이에 작가가 되었기 때문이다. 1970년 마흔이 되어서야 여성동아 여류 장편소설 공모에 1·4후퇴 이야기를 다룬 『나목』이 당선되면서 문인으로 등단했다. '박완서 작가도 작가의 길에 늦게 들어섰으니 나도 지금 도전해도 늦지 않았지'라는 용기를 얻는 것은 좋은 일이다. 그러나 박완서 작가가 어려서부터 얼마나 책을 가까이 하고 살았는지에 주목해야 한다. 어릴 적 개성군에서 개칭된 개풍군에서 살다가 교육열이 강한 어머니 손에 이끌려 경성으로 옮겨 숙명여고에 진학했고, 1950년 서울대 국문과에 입학했으나 한국전쟁으로 중퇴했다. 박완서의 소설이나 에세이를 읽다 보면 어린 시절부터 얼마나 책을 좋아했고 글쓰기를 즐겼는지 잘 나온다. 게다가 여자아이는 학교도 보내지 않는 분위기가 팽배해 있던 시절 무려 서울대 국문과에 진학할 정도로 문학에 대한 실력과 관심이 남달랐던 것이다. 비록 결혼 후 1남4녀의 자식을 낳아 기르느라 글 쓸 엄두를 내지 못했지만 틈나는 대로 책을 읽고 문학적 소양과 에너지를 차곡차곡 쌓아 왔다. 실로 놀라운 것은, 『나목』이 처음 쓰는 글이었음에도 불구하고 습작도, 퇴고도 없이 단 한 번에 장편소설 분량을 주욱 써내려 갔다는 점이다. 어릴 적부터 책을 좋아했고, 늘 책을 가까이했기에 가능했던 일이었다. 이미 글 쓰는 능력을 갖추고 있었던 것이다.

책을 좋아하지 않으면서 책을 쓰겠다는 사람은 본인은 사과를 좋아하지도 않으면서 사과를 파는 장수와 같다. 햄버거를 먹지 않는 사람이 햄버거 가게를 열면 성공할 확률이 높지 않을 것이다. 책을 쓰고 싶은 사람은 책과 친해져야 한다. 사람도 마찬가지로 책도 자주 보면 정이 든다. 책이란 존재에 애틋한 마음이 드는 사람은 그만큼 책을 쓸 확률이 높아진다. 틈나는 대로 서점에 들르는 취미를 가진 사람은 더욱 그렇다.

책을 좋아하게 되면 서점이나 도서관에 가는 일이 즐거워져 좋은 취미가 하나 더 추가된다. 내가 읽고 싶었던 책도 사고, 선물용 책도 사면 기분이 좋아진다. 요즘은 덜하지만 전에는 새 책을 사면 활자를 찍어내느라 입혀진 기름냄새가 났다. 흔히 새 책 냄새라고 불렀는데 이 냄새가 참 좋았다.

누군가로부터 마침 읽고 싶었던 책을 선물 받으면 기분이 좋고 선물해준 사람에 대한 호감도 급상승한다. 내가 읽고 싶은 책을 센스있게 선물해 줄 만큼 내게 관심이 있다는 의미다. 자신이 직접 구매한 책을 읽다가 내용이 정말 유익하거나 느낀 점이 많으면 돈이 아깝지 않다는 생각이 든다. 실제로 자신이 직접 돈을 지불하고 읽어야 조금이라도 더 악착같이 읽는다. 그러나 우리는 겨우 커피 3잔 값의 책을 구매할 때는 갑자기 가장 효율성을 따지는 깐깐한 소비자가 되곤 한다. 조안나 작가는 이런 현상을 『월요일의 문장들』에서 재미있게 표현한다.

"밥 먹은 효과는 피부의 윤택으로 드러나고 책 읽은 보람은 사람의 교양으로 나타난다. 몇 끼 밥을 굶으면 얼굴이 수척해지고 기운을 못쓰게 되어, 죽을 지경이 된다. 하지만 책을 읽지 않아도 겉으로는 아무런 표가 나지 않는다. 그래서 사람들은 밥을 위해서는 못 하는 짓이 없고, 안 하는 일이 없으면서, 책을 위해서는 한 푼도 쓸 생각을 하지 않는다."

통계적으로는 독서 인구가 줄어들고 있지만 독서광들의 활동은 더 다양해지고 있다. 각종 북클럽이나 독서모임이 지역별로도 활성화되고 있고, 독립 서점이나 동네 책방에서도 독서모임이 많이 열린다. 심지어 코로나로 인한 비상상황에서 책 관련 온라인 모임이 늘어났다. 저자 입장에서 이런 온라인 모임에 많이 초대되고 강연도 해봤는데 책에 대한 열의나 열기가 결코 오프라인 못지 않음을 느꼈다. 책을 좋아하는 마음은 책을 쓰기 위한 가장 기본적인 요소다.

다양하게 많이 읽어라

책을 쓰고 싶어하는 사람이 해야 하는 일 중 가장 중요한 것 하나만 꼽으라면 '책을 많이 읽는 것'이다. 빈 컵에 물을 계속 따르면 결국 넘치는 것처럼 책을 많이 읽으면 내공이 쌓이다가 어떤 방식으로든 외부로 표출된다. 이때 책을 쓰겠다는 생각을 가지면 이 목표의식이 자신의 내면과 만나 급물살을 타게 된다.

다국적기업의 임원으로 근무하면서 책을 쓰고 싶어하는 사람의 개인코칭을 위해 처음 만났을 때였다. 나는 책을 쓰고 싶은 이유를 묻기 전에 먼저 어떤 책을 주로 읽는지 물어본다.

"요즘은 어떤 책을 읽으시나요?"

"아, 저는 책을 읽지 않습니다. 아무래도 책을 읽으면 영향을 받을테니까요. 저는 저만의 생각과 경험을 담은 독창적인 책을 쓰고 싶거든요."

다른 사람의 책을 읽으면 자꾸 생각이 따라가 자신의 고유한 생각이 희석되고 글 스타일을 흉내낼까봐서란다. 그 사람이 쓴 글을 몇 편 읽어봤다. 나름의 생각과 논리를 펼치고 있으나 새로운 트렌드를 반영하지 못하고 너무 올드한 데다 곳곳에서 검증되지 않은 편향된 주장을 하고 있었다. 그리고 자신의 생각을 팩트로 증명하는 부분이 전무했다. 자신만의 세계에 갇혀버린 느낌이었다. 나는 그 사람과의 코칭을 진행하지 않았다. 이런 경우는 원고가 다 완성되어도 출판사의 문턱을 넘기가 어렵기 때문이다. 자비출판을 생각하는 경우도 있겠지만 이 책을 읽는 독자에게는 조금 힘들어도 출판사에서 인세를 지급받는 기획출판을 권한다. 출판사의 문턱을 넘었다는 것은 전문가로서 책을 쓸 만하다고 인정받았다는 의미이기 때문이다. 이 내용은 뒷부분에 좀 더 자세한 설명을 해 놓았다

다른 사람의 책을 읽지 않고 자신의 책을 쓰겠다는 것은 내 입을 벌리지 않고 밥을 먹겠다는 말과 같다. 축구선수가 되고 싶지만 플레이를 따라할까봐 축구경기를 보지 않겠다는 말과 무엇이 다른가. 본인이 다른 사람의 책을 읽고 싶어하지 않는데 다른 사람이 본인의 책을 읽어줄 것이라 생각하는 것은 터무니없는 일이다.

또 너무 바빠서 책을 읽지 못한다는 사람도 있다. 스티븐 킹은 『유혹하는 글쓰기』에서 책은 쓰고 싶으나 책을 읽을 시간이 없다는 사람에게 이렇게 말한다.

"독서할 시간이 없다? 책을 읽을 시간이 없는 사람은 글을 쓸 시간도 없는 사람이다."

600권이 넘는 책을 쓴 다산 정약용은 책을 구하기도 힘든 시절에 그보다 훨씬 많은 책을 읽었다. 다른 사람의 책을 읽는 것은 흉내내기 위해서가 아니라 공부를 위해서다. 책에서 인생을 배우고 전문지식도 얻는다. 세상이 돌아가는 것을 알 수 있고 자신의 생각을 검증하면서 성숙해지곤 한다. 책을 써서 인류에 많은 영향을 미친 사람들은 예외 없이 엄청난 독서광이었다.

'우물을 파려면 넓게 파라'는 말이 있다. 그래야 깊게 팔 수 있고, 물을 찾을 확률도 높일 수 있다. 책을 읽을 때는 가능하면 다양한 분

야의 책을 읽는 것이 좋다. 한 우물만 파라는 것은 옛말이다. 어려운 과학이론을 쉽게 풀어 쓰는 것으로 유명한 정재승 교수는 어느 기자와의 인터뷰에서 "미래가 필요로 하는 인재상은 한 우물만 파는 게 아니라 우물을 여러 곳 파고, 그 우물 사이에 지류를 내는 사람일 겁니다. 그런 사람이 되는 가장 좋은 방법은 역시 책읽기라고 생각합니다"라고 강조했다.

책을 많이 읽다 보면 자신만의 독서 스타일이 생긴다. 좋아하는 장르나 작가가 생겨난다. 이런 경험은 작가가 되는 필수 과정이다.

> 빼어난 스토리와 빼어난 문장에 매료되는 것, 아니, 완전히 압도당하는 것은 모든 작가의 성장 과정에 필수적이다. 한 번쯤 남의 글을 일고 매료되지 못한 작가는 자기 글로 남들을 매료시킬 수도 없기 때문이다.
> 스티븐 킹, 『유혹하는 글쓰기』, 김영사, 2002

책을 많이 읽으면 자기만의 시각이 생긴다. '나라면 어떻게 쓸까'라는 관점이 생긴다. 세상을 자기의 안목으로 관찰할 줄 알게 된다. 곳곳에서 벌어지는 세상사를 자기만의 관점으로 들여다보는 시선의 독자성과 사고의 독창성이 개발된다. 이것이 자신만의 책을 쓰는 밑천이 된다.

내 것으로 만드는 독서를 하라

책은 우리가 세상을 들여다보는 창이다. 혼탁하고 어지러운 현실에서 벗어나 세상에 흘러가는 큰 줄기를 바라볼 수 있게 해준다. 책을 읽을수록 내가 얼마나 모르고 있는지를 깨닫게 된다. 책을 쓰기 위해서 이제부터는 책을 미용실에 있는 잡지책 훑듯이 보지 말고 자신의 것으로 만드는 읽기 습관이 필요하다.

책을 읽기는 읽었는데 조금 지나면 책에 어떤 내용의 쓰여 있었는지 생각이 나지 않을 때가 많다. 심지어 책을 한참 읽다가 자신이 과거에 읽었던 책임을 깨닫기도 한다. 책을 읽는 목적은 SNS에 올리기 위함이 아니다. 아까운 시간과 돈을 투자했으면 남는 것이 있어야 한다. 자신의 것으로 만들어야 한다는 의미다.

지금 나의 책 읽기 습관은 스무 살부터 시작되었다. 수학을 못해서인지, 국어를 좋아해서인지 문과 성향이 극명했던 나는 고등학교와 재수생활을 거치는 동안 대학에 대한 로망은 별로 없었는데 그래도 하고 싶은 것이 있었다. 입시를 위한 책이 아니라 내가 읽고 싶었던 책을 마음껏 읽는 것이었다. 그래서 대학교에 합격하자마자 책을 읽기 시작했다. 지하철로 오래 걸리던 통학시간은 오롯이 나의 독서시간이 되었다. 그때부터 나만의 습관을 만들어 30년이 지난 지금까지 지속하고 있다.

나는 오랜 시간 책을 읽어왔지만 좀처럼 읽는 속도가 빨라지지 않는다. 책을 쓰면서 더 느려졌다. 모든 책에 배울 것이 있다는 생각으로 한 문장도 놓치기 싫어 자세히 들여다보는 습관 때문이다. '첫 문장을 이렇게 시작하는구나' '이 내용을 이렇게 표현할 수도 있네' '이런 방법으로 설명하니 더 효과적이군' '이런 문장으로 마무리 하는구나' 등을 배울 수 있어 모든 책이 다 내겐 스승이 된다. 심지어 '이런 책은 읽을 가치가 없어'라고 느끼는 것도 좋은 공부가 된다.

스무살이 되던 해에 책을 읽는 습관을 들이면서 우선 작은 노트를 샀다. 거기에 책을 한권씩 읽을 때마다 아래 내용을 기록했다.

책 · 제목 · 저자 · 출판사 · 읽은 날짜 · 별점 (1~5개)

별점 5개는 진짜 재미있어서 나중에 다시 읽을 책, 4개는 재미있어 책값이 아깝지 않은 책, 3개는 그저 그렇지만 '나도 이 책 읽었다'라고 말할 만한 책, 2개는 책이 별로라 남들 줘버려도 아깝지 않은 책, 1개는 책을 쌓아둘 공간이 아까워 버려도 되는 책을 의미했다. 나중에 책을 쓰면서부터 별 5개는 책 쓸 때 참조할 만한 것으로 의미가 바뀌었다.

나는 일단 책을 펼치면 끝까지 다 읽어야 직성이 풀렸다. 그래서 한권을 몇 달 동안 읽은 적도 있다. 책을 읽는 일이 지지부진할 때는 책의 마지막 장을 덮고 기록 노트를 한 칸씩 채워가는 재미로라도 읽었다. 50페이지 정도 읽고 정말 읽기 싫어 멈추기도 했다. 차라리 그 시간에 다른 책을 읽는 것이 더 생산적이고 효율적이라고 생각했기 때문이다. 평소 모든 문서 작성을 컴퓨터로 하기 때문에 노트에 쓰는 이 독서 기록이 유일한 손글씨인 적도 있었다. 그리고 연말에는 그 해 노트에 기록해 놓은 내용을 엑셀로 옮겼는데 그렇게 기록해온 30여년 간의 자료는 나만의 독서 통계자료까지 도출이 가능하게 되었다. 지금 나는 스무 살부터 쉰이 넘은 지금까지 내가 읽은 모든 책 리스트를 가지고 있다. 그렇게 기록하던 습관 때문에 인상깊게 읽은 책의 저자 이름도 대부분 기억한다. 간혹 여러 번 읽는 책도 따로 표

책을 잘 쓰기 위한 '5가지' 습관들

시하는데 재미있는 것은, 오래 전에 읽고 그저 그런 책이라 별표를 2개만 남겨 놓았던 것이 나중에 읽고 5개로 둔갑하기도 한다. 책의 주인은 쓴 사람이 아니라 읽는 사람이기 때문에 어떤 상황에서 읽는지에 따라 좋은 책이 되기도 하고 별로인 책이 되기도 한다. 남들 보기엔 별 것 아닐지 몰라도 이 노트를 볼 때마다 그동안 살아오고 걸어온 발자취를 보는 것처럼 느껴진다.

책을 읽을 때는 좋은 문구, 중요한 내용에 밑줄을 그었다. 그리고 공감하는 이유, 추가하고 싶은 생각, 저자의 생각과 주장에 반박하고 싶은 내용 등 내 생각이 떠오르면 해당 페이지에 간단하게 적었다. 그리고 책을 다 읽으면 밑줄 그은 내용과 메모한 내용을 따로 컴퓨터에 워드 파일로 옮겨 놓았다.

이렇게 밑줄 그은 내용을 다시 읽으며 타이핑을 하면 책 내용을 다시 한 번 훑어보며 요약하는 것이 된다. 조금 시간이 지나면 내가 그 책을 읽었는지도 기억나지 않는 경우도 많은데 책을 읽으면서, 밑줄을 그으면서, 그리고 다시 밑줄 그은 문장들을 컴퓨터에 옮기면서 세 번을 읽게 되니 내가 읽은 책을 내 것으로 만드는 좋은 습관이 되었다. 역시 이 습관이 책을 쓸 때 큰 도움이 되고 있다.

읽은 책이 늘어나자 워드로 요약한 내용이 늘어 장르별로 구분해서 별개의 파일로 보관했다.

인문교양서, 경영경제서, 자기계발서, 소설, 에세이, 종교서적 등으로 구분해서 기록했는데 나중에는 책을 쓰기 위한 주제를 포함해서 독서, 커피 등의 주제도 추가했다. 내가 책을 쓰게 되리라고는 생각지도 못하던 시절부터 시작한 이 요약 습관은 책을 쓰기 시작하면서 보물창고가 되었다.

지금은 이렇게 아날로그적으로 독서노트를 기록하는 사람이 별로 없다. 훌륭한 독서기록 어플이 많이 소개되었기 때문이다. 스타트업 등에서 업무관리 어플로도 많이 쓰이는 노션을 비롯해 북적북적, 북플립, 5stars 등의 디지털기록 앱을 이용하면 책 속의 문장을 빠르게 입력할 수 있고, 원하는 문장을 빠르게 찾을 수도 있다. 영상, 논문 등 참고자료의 첨부도 용이하다. 전자책을 읽으면서도 독서노트로 편집이 가능하다. 게다가 필터기능도 있어 나처럼 일일이 구분하지 않더라도 장르, 작가, 키워드 등으로 분류가 가능하다. 각종 통계자료로도 변환이 가능하다. 물론 편리함으로 따지면 이 방법이 효율적이지만 아직도 종이나 만년필로 원고지에 써야 글이 잘 써진다는 작가도 있듯이 나는 기존에 사용하던 내 아날로그 방식을 선호한다.

자신이 읽은 책을 내 것으로 만드는 좋은 방법 중 하나는 서평을 쓰는 일이다. 자신이 운용하는 블로그에 올려도 되고, 브런치에 작가로 등록해 서평을 올려도 된다. 또한 페이스북이나 인스타그램, 링크드인 등에 그때그때 짧은 서평을 올리는 것도 자신이 읽은 책을 한 번 더 되새기는 효과를 준다. 나는 주로 인스타그램에 서평을 올리는데, 같은 책을 읽고 자신과 다르게 느낀 점을 표현해주거나 공감해주는 댓글을 읽으면 책에 나와 있는 내용보다 더 풍성한 열매를 가져갈 수 있다.

또한 책을 내 것으로 만드는 방법 중 효과적인 것 하나는 저자를 깊게 들여다보는 것이다. 저자가 어떤 생각을 가졌는지, 어떤 활동을 주로 하는지, 어떤 배경을 가졌는지, 어떤 책을 출간했는지 미리 파악하면 책을 읽는 내내 길을 잃지 않을 수 있기 때문이다. 대표적인 자기계발서 작가였던 고 구본형 소장도 이렇게 했다고 한다. 처음 접하는 저자면 책을 읽기 전에 꼭 지은이에 대해 한두 시간 검색해보곤 했다는 것이다. 저자를 이해하고 읽으면 책에 대한 몰입도와 이해도가 높아지기 때문이다. 그리고 출판칼럼니스트 표정훈 작가는 '책은 읽을수록 꼬리를 물고 읽게 된다. 한 책에 언급된 책이 궁금해지고, 읽은 책을 쓴 저자의 다른 책을 읽고 싶어진다. 지식이 늘수록 새로운 지식이 눈에 보이게 된다'고 강조했다. 저자를 이해하고 책을 읽으면 그럴듯한 제목과 예쁜 표지에 속아 덜컥 책을 구매하고 후회하는 일은 줄어들게 된다.

　마음가짐도 중요하다. 우리가 책을 읽는 이유 중 하나는 '얼마나 자신이 무지한가를 아는' 데 있는 것이지, '내가 이렇게 똑똑한 사람이야'를 확인하기 위함이 아니다. 삐딱한 마음으로 '어디 뭐라고 썼는지 한 번 보자'라는 마음으로 책을 읽기 시작하면 계속 비판하고 싶은 내용만 눈에 들어온다. 비판의식을 갖는 것은 매우 중요하지만 모든 책에 대한 비판의식은 자신의 성장을 막는 요소가 된다. 누구나 인정해주는 유명한 작가들도 이런 일에 조심하며 남의 책을 읽는다. 무라카미 하루키는 에세이를 쓸 때 '나의 자랑은 하지 않는다. 남의 험담을 하지 않는다'를 원칙으로 삼고 있다. 이와 관련해서는 김영하 작가도 여러 작가의 이야기를 담은 『글쓰기의 최소 원칙』이란 책에서 이런 말을 남겼다.

누구나 남의 글을 비판하고, 잘못된 점을 지적하고 싶은 유혹이 들죠. 그런데 남의 글을 비판하다 보면 그 비판의 언어가 부메랑처럼 자기에게 돌아옵니다. 하지만 남을 칭찬하고 치켜주면 그 말들 역시 부메랑처럼 자기에게 돌아옵니다. 제가 감히 드리고 싶은 말씀은 빨간 펜을 버리고 대신 '참 잘했어요' 고무인(印)을 준비하시라는 겁니다.

아무리 좋은 책을 읽어도 자신의 존재감을 드러내기 위해 어떻게든 흠을 잡으려는 사람이 있다. 이런 사람들은 SNS에 올려진 서평을 발견하면 꼭 꼬투리를 잡아 한마디씩 하곤 한다. 그러나 이런 자세는 본인에게도 도움이 안 된다.

깨끗한 물과 더러운 물이 모두 모이는 강의 하류처럼 많은 정보가 난무하는 세상이다. 이런 혼탁한 세상에서 우리가 인생의 방향을 잡도록 도와주고 삶의 근거를 제시해 줄 수 있는 것이 책을 읽는 습관이다. 책은 세상을 정화해주고 거슬러 올라가 깨끗한 물의 근원을 발견하게 해주는 길잡이다. 그러니 책을 읽을 때는 '모든 책에는 배울 것이 있다'는 겸손한 자세로 읽는 것이 지금 펼친 책을 자신의 것으로 만드는 가장 좋은 방법이다.

정민 교수는 책을 읽는 유익함을 강조하기 위해 자신의 책 『오직 독서뿐』에서 현곡 조위한이 말한 내용을 소개한다.

사람이 밥을 먹어도 뱃속에 계속 머물러 둘 수는 없다네. 하지만 정채로운 기운은 또한 능히 신체를 윤택하게 하지 않은가. 책을 읽어

비록 잊는다 해도 절로 진보하는 보람이 있을 것일세.

바쁜 직장인이 이런 책 읽기 습관을 들일 여유 없이 빨리 책을 써야하는 경우도 있다. 이때는 전략적인 책 읽기가 필요하다. 자신이 쓰는 책과 관련된 분야나 참고가 될 만한 서적을 골라서 읽고, 이마저도 시간이 부족하면 목차를 보고 필요한 부분만 읽어도 된다. 눈으로 스캔하듯이 훑어보며 필요한 부분만 참조해도 상관없다. 책을 쓰는데 책을 많이 읽는 것이 가장 중요한 일이지만 이것이 발목을 잡아서는 안 된다. 요즘은 인터넷과 인공지능 챗봇으로 필요한 정보를 얼마든지 얻을 수 있는 시대이기 때문이다. 마음만 먹으면 그 어느 때보다 책을 쓰기 쉬운 시대가 되었다. 그리고 일단 책을 써보면 평소에 책을 많이 읽는 것이 중요하다는 것을 피부로 느끼게 된다.

2
글 재료를 많이 모으자

> 글쓰기에서의 창조력이란 재료를 모으고 모은 재료의 '조각'을 선택하고 각 조각을 서로 연결하는 과정을 말한다. 우리가 내용에 관한 생각을 많은 재료로 채우지 않는 한 우리는 창조적일 수 없다. 그러므로 우리는 재료를 모으는 훈련에 많은 시간을 들일 필요가 있다.
>
> 바버라 베이그, 『하버드 글쓰기 강의』, 글항아리, 2011

책을 잘 쓰는 사람은 글 재료가 많다. 아무리 유명한 셰프라도 재료가 있어야 맛있는 요리를 만들 수 있듯이 작가도 쓸 거리가 있어야 하기 때문이다. 재료 없이 글을 쓸 수 있는 사람은 없다. 생각과 감정도 모두 글 재료다. 경험 없는 초보 작가가 저지르기 가장 쉬운 큰 실수 중 하나는 충분한 재료를 모으지 않고 용감하게 원고를 쓰기 시작한다는 점이다. 자기의 경험과 지식만으로 책을 쓸 수 있다고 생각한다. 그러나 막상 글을 쓰다 보면 금방 밑천이 바닥나게 된다. 어떤 주제든 성공적인 글을 쓰려면 먼저 많은 재료를 갖춰야 한다.

글 재료를 모으는 기본적인 활동은 평소 관심있는 분야의 다양한 자료를 모으는 것이다. 관심있는 분야의 자료를 꾸준히 모으는 습관은 책을 쓰기로 결심하는 순간 작가에게 보물창고로 재탄생한다.

나는 대학생시절부터 신문을 읽다가 경제, 국제정세, IT, 금융, 인문학, 영화, 음악, 스포츠 등의 기사를 스크랩했다. 경영학을 전공한 나는 처음에는 전공수업이나 취업 등에 도움이 될까 시작했지만 취업을 한 이후에도 이 습관은 지속되었다. 그러다가 정민 교수가 자료를 수집하는 방식을 알게 되어 그때부터 따라하게 되었다. 관심 분야별로 파일을 만든 것이다.

모 일간지에서 정민 교수의 연구실을 방문해 그의 글쓰기 습관을 특집으로 다룬 적이 있었다. 행당동 언덕 위 한양대에서도 맨 꼭대기에 자리잡은 정민 교수의 연구실 문을 열고 들어가면 둥그런 원기둥 모양을 이루고 있는 2단 파일 정리대가 눈에 들어왔다. 병원에서 의사가 환차 차트를 꽂아두는 거치대다. 지금은 모두 환자 자료가 디지털로 전환되었지만 과거에는 환자 기록을 모두 수기로 작성했었다. 그런 둥근 거치대에 빼곡하게 파일들이 꽂혀 있었다. 그가 쓰고 싶은 글에 대한 아이디어와 관련 자료를 이 차트에 정리해 꽂아놓은 것이다. 그 안에는 신문기사, 좋은 구절 복사본, 메모, 초기 기획서 등이 들어 있다. 그가 '씨앗 창고'라 부르는 이 거치대 이야기를 듣자마자 나도 십여 권의 클리어 파일을 사서 주제별로 자료를 모으기 시작했고 20년이 지나도록 계속해서 자료를 모으고 있다. 내가 쓴 책 대부분의 모태가 바로 이 파일들이다. 가장 손이 가는 자료부터 책으로 탄생시켰지만 아직도 책으로 담길 수 있는 파일이 많이 꽂혀 있는 책장을 보며 백세 넘어서도 저술활동을 하는 김형석 교수처럼 오래오래 저

재료들을 책으로 바꾸는 작업을 하며 살고 싶다는 꿈을 가지게 된다.

과학 칼럼니스트로서 지식융합 연구소 소장인 이인식은 『과학 콘서트』『열두 발자국』을 쓴 정재승 교수보다 과학 관련 책을 더 많이 써서 과학 교양책의 선구자라 불린다. 그는 평소 분야별로 자료를 골라 모아 놓는다. 정민 교수처럼 분야별로 파일 노트를 만들어 정리하는데, 이런 노트가 30여 권에 이른다. 이렇게 시간을 두고 생각을 정리하고 발전시켜 나가다 보면 "어느 순간 자료들이 글이 되어 써 달라고 부르는 것처럼 다가온다"고 말한다. 나도 이런 일을 종종 경험하곤 한다. 오랜 시간 틈나는 대로 모아 놓았던 파일을 꺼내 살펴볼 때면 글을 써달라고 아우성치는 느낌을 받곤 한다. 이 순간은 머리가 쭈뼛 서며 엔도르핀이 마구 솟구치곤 한다. 책을 쓰기로 결정하는 순간이기 때문이다.

소설가 김훈은 50세가 넘었을 때 『칼의 노래』를 쓰기 시작해서 2개월 만에 집필을 마쳤다. 이 과정에서 이가 8개나 빠지는 고통을 겪었다. 그러나 그가 모든 내용을 2개월 동안 생각해 낸 것이 아니다. 무려 30년이 넘는 세월 동안 다양한 자료 수집과 숙고의 과정, 치열한 기획 과정이 있었다. 사실 이 책은 20세이던 청년시절 『난중일기』를 읽고 준비를 시작했다고 한다. 백만 부 이상 팔린 베스트셀러가 된 이유는 30년이 넘는 세월 동안 집필을 위해 다양하고 꼼꼼하게 자료를 모으는 과정이 있었기 때문이다.

과거 글 재료의 원천은 주로 신문이었다. 특히 일간지의 특집면

책을 잘 쓰기 위한 '5가지' 습관들

이나 기획기사에는 주옥 같은 기사가 많아 따로 자료를 찾아다니는 수고를 많이 덜어주었다. 또한 다른 책을 읽다가 밑줄 그은 내용이나 복사해둔 것이 중요한 글감이 되었다. 요즘은 궁금하거나 필요한 내용은 바로 구글이나 네이버에서 검색하면 자신이 모아 놓은 것과 비교도 되지 않을 만큼 좋은 자료를 많이 찾을 수 있다. 게다가 ChatGPT 같은 인공지능 챗봇을 이용하면 놀랄 만큼 완성도 높은 정보를 제공받을 수 있다.

그밖에 자신이 좋아하는 것이나 취미와 관련된 자료를 모아 놓는 것도 필요하다. 책을 쓰면서 자신의 전문 분야 자료는 물론이고 과학, 경제, 스포츠, 영화, 음악, 미술 등의 다양한 관점과 사례를 활용하면 책의 내용이 더 풍성해진다. 이렇게 되면 펀드매니저나 외환딜러가 일정 금액에서 임의 투자할 수 있다는 내용을 야구의 주자가 언제고 도루를 할 수 있게 그린라이트를 받았다는 표현을 쓸 수 있게 되는 것이다.

과학고와 카이스트를 졸업하고 27세의 나이에 교수가 된 정재승 교수는 과학을 가장 쉽게 풀어 쓰는 것으로 유명하다. 그는 과학을 과학과 전혀 상관 없어 보이는 것으로 비유해서 쉽게 설명해 준다. 정 교수의 글은 책이든 칼럼이든 다양한 분야를 종횡무진 넘나들며 여러 가지 지식을 입체적으로 엮어내는 것이 특징이자 매력이다. 이는 본인이 학창시절부터 푹 빠져 즐겨온 영화와 음악, 폭넓은 독서 덕분이라고 설명한다.

글 재료는 언제든 잘 끄집어내 사용할 수 있도록 잘 정리되어 있어야 한다. 나의 경우 일상에서 깨우치거나 갑자기 드는 생각을 스마트폰 앱이나 메모장에 바로 적어 놓는다. 좋은 내용이었다는 사실만 생각나고 어떤 내용인지는 도무지 생각나지 않아서 발을 동동거리며 안타까워했던 적이 한두 번이 아니기 때문이다. 그리고 매일 저녁 잠자리에 들기 전 잠깐 시간을 내 그 메모를 내 PC에 주제별로 옮겨 적어놓는다.

　책의 주제가 결정되면 아예 그 주제에 관한 책들을 집중적으로 참조한다. 그러나 베끼는 것은 금물이다. 표절은 도둑질이다. 출처를 잘 밝혀야 한다. 혹시 쓰고자 하는 책의 주제는 물론이고 대략의 목차가 완성되었다면, 참고하는 책들의 목차들을 살펴보면서 자신의 목차를 검토하고 수정하는 것도 좋은 방법이다. 자신이 빼먹은 부분도 분명히 있을 것이기 때문이다. 책이 출간된 다음에 그것을 깨달으면 아까워해도 소용 없다. 좋은 책의 특징은 독창적인 콘셉트와 좋은 콘텐츠로 가득 차 있다. 다른 책들과 비교해봐야 자신의 콘텐츠가 그보다 더 떨어지지 않도록 보완할 수 있다.

　작가는 주변에서 일어나는 모든 일에 관심을 기울이는 사람이다. 마주치는 사물에 주목하고 누군가가 하는 말에 늘 귀를 쫑긋 세운다. 모든 것이 글의 소재가 되기 때문이다. 『위대한 개츠비』의 스콧 피츠제럴드는 파티에서 만난 다른 손님들이 들려주는 이야기를 기록하여 훗날 소설의 소재로 사용했다고 한다. 파티조차도 중요한 글 재료를 모으는 기회로 만든 것이다. 실제로 책쓰기와 관련된 모든 책에는 주위에서 일어나는 모든 일을 글감으로 사용할 수 있어야 한다고 강조한다. 작가는 별로 대단해 보이지 않는 사건이나 일화도 그냥 넘기

책을 잘 쓰기 위한 '5가지' 습관들

지 않는 습관을 키워야 한다.

오랜 시간 온 국민의 심금을 울리는 노래를 해 온 가수 양희은은 라디오 프로를 진행하면서 겪은 많은 에피소드와 신문사에 기고한 고정 칼럼을 모아 『그러라 그래』 『그럴 수 있어』라는 에세이 책을 냈다. 이 책들로 그는 베스트셀러 작가가 되기도 했다. 그가 쓴 책들 제목만 봐도 알 수 있듯이 쿨한 그의 성격이 책 구석구석에 잘 나와 있다. 그런 그도 가능하면 더 많은 친구를 만나 대화를 나누고, 다양한 직업과 연령대 모임에 참석하려고 노력한다고 한다. 글감을 얻기 위해서라는 것이다.

다른 사람에게 일상적인 일도 작가의 눈을 거치면 더 새롭고 풍성한 이야깃거리가 된다. 예를 들어 서해안에서 배를 타고 가다가 갈매기에게 새우깡 주는 장면을 상상해보자. 초보작가는 갈매기가 자기 손에 쥐어진 새우깡을 낚아채는 순간의 감촉과 감동을 느끼고자 애타게 손을 뻗고 있는 자기 모습에 집중한다. 또 새우깡을 먹어준 갈매기의 고마움에 집중한다. 먹이 주기에 성공한 자신의 기쁨만 묘사하는 것이다. 그러나 경험 많은 작가는 그 갈매기와 경쟁을 벌이던 다른 갈매기의 허탈한 표정도 보고, 자기 옆에서 함께 새우깡을 갈매기에 주던 어린 소녀가 눈물을 글썽이는 모습도 본다. 또 먹이주기를 성공했을 때 일었던 선미의 물보라, 새우깡을 손에 든 여성의 머리칼이 바람에 날리며 남성의 얼굴을 자연스레 휘감는 연인의 모습도 하나의 상황에서 주변을 다양하게 보는 것이다. 이런 것을 감지하고 글로 묘사할 수 있으면 독자에게 더 생생한 현장감을 선사한다.

그러나 초보작가는 자신이 누리는 기쁨을 묘사하면 독자도 고스

란히 느낄 것이라고 오해한다. 일상이 글의 소재가 되지만, 지나치게 일상적인 관점과 글은 독자의 흥미를 얻을 수 없다. 글의 재료를 글로 바꾸는 능력을 연습해야 하는 것이다.

  글을 쓰기 위해서는 아이디어와 영감을 필요할 때마다 찾아내는 것이 아니라 막상 아이디어와 영감이 떠올랐을 때 그것이 자신에게 필요한 것이라는 것을 알아차리는 것이 중요하다. 작가가 글을 잘 쓸 수 있는 이유는 주변을 돌아보고 탐색하며 사색하는 가운데 세상과 감정적 교류를 나누기 때문이다. 플래너리 오코너는 "유년기를 보낸 사람이라면 누구나 평생 글을 써도 남을 이야깃거리가 있다"고 했지만 이는 소설가를 지망하는 사람들에게 희망을 주기 위해서 한 말이고, 실제 직장인이 책을 쓰기 위해서는 늘 이야깃거리를 찾아 헤매야 한다.

  나는 최근에는 SNS에서 글감을 많이 얻는다. 브런치, 페이스북, 인스타그램, 링크드인, 스레드 등의 SNS도 내겐 또 다른 보물창고다. 인사이트와 영향력이 있는 사람들의 계정을 팔로우하고 지속적으로 피드에 올라오는 글을 읽다 보면 많은 영감과 지식을 얻는다. 또 내가 쓰고 있는 책 내용 중 일부 글을 피드에 올리면 많은 사람이 자신의 생각을 댓글로 달아주는데, 이를 잘 활용하면 내용이 더 풍성해지고 고민하던 문제의 실마리를 찾기도 한다. 미처 생각지 못했던 참신한 관점도 얻을 수 있다. 그리고 SNS를 활용하면 좋은 출판사와 연결될 가능성도 높다. 우리나라에 출판사가 3만개가 넘는다고 한다. 적어도 에디터가 3만 명은 넘는다는 의미다. 이들이 하는 일이 좋은 저자를 발굴하는 일인데 대부분 SNS를 찾아보며 좋은 글을 쓰고 있거나 의미 있는 컨텐츠를 지니고 있는 저자를 찾는 일이다. 최근에 첫 책을 쓴 사람 중에는 SNS에 올린 콘텐츠를 보고 출판사에서 연락이 와 본격적으로 책 작업을 하게 됐다는 경우가 많다.

바버라 헤이그는 『하버드 글쓰기 강의』에서 "나는 책쓰기에 필요한 영감이란 그것을 위한 준비가 갖춰졌을 때 찾아오는 것이라고 생각한다. 그리고 그 준비를 위한 방법의 하나가 자신의 재료를 철저히 아는 것이다"라고 했다. 좋은 글 재료가 있어야 좋은 글이 탄생할 수 있다. 글 재료가 풍부하면 그 안에서 반드시 글을 쓰는데 필요한 길을 발견할 수 있다.

3
메모하는 습관을 들이자

각종 메모도 가장 중요한 글 재료가 된다. 메모 습관은 책 많이 읽기, 글 재료 모으기와 마찬가지로 중요한 일이다. 많은 사람의 존경을 받은 위인 중에 유명한 메모광이 많다. 연설을 잘 하기로 유명했던 에이브러햄 링컨은 늘 큰 모자 속에 노트와 연필을 넣고 다녔다고 한다. 토마스 에디슨도 자신이 기록해온 3천4백 권의 메모 노트가 자신을 발명왕으로 만들었다고 고백했다.

글쟁이도 대부분 메모광이다. 책 쓰는 사람에게 메모만큼 좋은 무기는 없다. 메모의 왕이라 불리기도 한 다산 정약용은 '사소한 메모가 총명한 머리보다 낫다'는 둔필승총鈍筆勝聰이란 말을 남겼다. 정약용은 경상도 장기, 전라도 강진 등지에서 30대 후반부터 50대 중반까지 18년간 유배생활을 하며 6백 여권의 저술을 남겼다. 그는 소문난 독서광일 뿐 아니라 엄청난 메모광이었다. 책을 읽을 때는 항상 필요한 부분을 발췌해 적어 두었고, 이 메모가 수많은 책을 쓰는 데 사용되었다. 오늘날 남아 있는 정약용의 메모는 하나하나가 소논문이라 해도 손색이 없을 만큼 학문적 깊이를 갖추고 있으며 문장력도 뛰어나다고 한다. 조선 최고의 지식인이라 불리는 그의 드넓은 학문 세계는 이런 치열한 독서와 더불어 끊임없는 메모로 이루어진 것이다. 그는 또 자녀 교육을 엄격하게 시키면서 메모의 중요성을 늘 강조했다. '아무리 뛰어난 머리도 잉크를 따라가지 못한다'는 의미를 몸소 실천한 학자라 할 수 있다.

정약용만큼 메모광으로 유명한 사람이 연암 박지원이다. 스스로 박지원에게 영향을 많이 받았다고 말하는 정민 교수는 그의 책 『책벌레와 메모광』에서 박지원의 메모 습관을 설명한다.

연암은 「대용록貸用錄」이라는 빚장부도 남겼다. 남한테 외상으로 산 놋그릇, 심지어 요강 값까지 상세히 적어놓았다. 돈 문제에 깔끔했던 그의 성격을 엿볼 수 있다. 그가 관직에서 물러난 뒤 눈이 어두워져 나중에 책으로 묶으려고 오랫동안 모아두었던 메모를 쓸모없어졌다며 모조리 세초해버렸다는 이야기는 아직도 진한 아쉬움을 불러일으킨다.

종이가 넉넉지 않았던 시절을 살았던 박지원은 글씨를 가능한 한 작게 썼다고 한다. 스스로 자신의 메모를 '승두문자蠅頭文字'라 표현했다. 승두는 파리 대가리다. 파리 대가리만큼 최대한 글씨를 작게 써야 종이에 내용을 더 많이 적을 수가 있었다는 의미다. 글씨를 크게 쓰면 기분이야 좋겠지만 여행길을 떠돌다 돌아올 때 짐의 부피가 감당할 수 없을 만큼 커지는 것을 염려했다.

박지원이 청나라에 다녀온 일을 적은 『열하일기』의 〈양엽기〉에는 북경의 궁성을 비롯한 명소 고적, 공자묘, 횡성 안팎을 감상한 기록이 실렸다. 그 바쁜 여행길에서도 나비 날개 만한 종이 쪽지에 파리 대가리 만한 글자로 보고 들은 것을 정신 없이 메모해 둔 글을 모은 것이다. 나비 날개 만한 종이라는 것은 손바닥에 펼쳐 놓고 적을 수 있는 크기, 도보로 이동할 때 소매 속에 넣고 다닐 수 있는 정도의 크기로 잘라진 종이를 의미하는데 종이가 넉넉지 않아서 글씨는 가능한 한 작게 쓸 수밖에 없었을 것이다.

이는 조선 후기의 실학자 이덕무가 자신의 메모를 모은 수필집에 〈양엽기〉라고 이름 붙인 것을 벤치마킹한 것이라 한다. '양엽'이란 '항아리 속의 감잎'이란 말로, 밭일을 하다가도 수시로 떠오르는 생각을 감잎에 적어 항아리 속에 넣어둔 뒤 나중에 그것을 바탕으로 글을 썼다는 고사가 있다.

조선시대의 대표적인 저술가들도 자신이 처한 상황에서 기를 쓰고 메모를 했던 것이다. 삶에서 책을 빼면 아무것도 남는 것이 없고, 종이가 없으면 감잎에라도 스쳐가는 생각을 붙잡아 둔 옛사람들의 이야기에서 일상생활 메모가 얼마나 중요한지, 책을 쓰는데 메모가 어떻게 사용되는지 잘 설명해준다.

나는 가끔 동창이나 과거 회사에서 함께 근무했던 선배들로부터 '어떻게 그런 세세한 것까지 기억해?'라는 이야기를 듣곤 한다. 내가 생각해도 가끔은 아주 오래 전의 사소한 장면이 머릿속에 사진처럼 박혀 있어 놀랄 때가 있다. 그러나 그런 기억은 별로 중요하지 않은 일이 대부분이고 정작 내가 필요한 것을 기억해내는 일에는 영 소질이 없다. 밤새 공부한 내용이 시험에 나왔는데 정작 답안지에 쓰려고 하니 도무지 생각이 나지 않는 심정과 마찬가지다. 원래도 메모를 많이 했지만 책을 쓰면서부터는 스스로도 메모광이라 해도 부끄럽지 않을 만큼 메모를 많이 한다. 중년을 넘어서며 기억력이 갈수록 떨어지는 것을 느낄수록 메모 의존도는 더 커진다.

메모를 할 때에도 전략이 필요하다. 메모를 하는 이유는 훗날 메모한 내용을 참조하기 위해서인데 수많은 메모를 해도 정작 그 메모를 사용하려고 하면 어디에 메모를 했는지 도무지 기억이 나지 않을 때가 많다. 특히 책을 쓰기 시작했을 때부터 뼈저리게 느꼈다. 도무지 어떤 내용이었는지 떠오르지 않고 단지 '좋은 생각'이었다는 사실만 기억나는 일이 많아 가슴을 친 일이 한두 번이 아니다. 아예 메모를 한 사실 자체도 생각나지 않을 때도 많다. 책이 출간 된 후에야 '이 메모 내용이 포함되었어야 하는데'라고 후회를 많이 한다. 그래서 이제는 늘 가지고 다니는 다이어리, 주머니에 쏙 들어가는 손바닥 수첩, 스마트폰 메모장, 음성녹음, 나 자신에게 보내는 카카오톡 메시지와 이메일, 메모 앱에 여기저기 메모하고 매일 저녁 그 내용을 카테고리별로 기록해 PC에 저장하는 습관을 들였다. 정신 없이 바빠서 주말에 일주일치 메모를 한꺼번에 정리하기도 하지만 이런 습관을 들인 이후로 내 번뜩이는 아이디어가 연기처럼 사라지는 일은 많이 줄어들었다.

어딘가에 메모를 해놨는데 도무지 찾을 수가 없을 때는 스스로 다람쥐가 된 기분이다. 다람쥐는 도토리와 밤을 볼 살 안에 가득 넣고 어디론가 쪼르르 달려가 먹이를 숨겨 두고 다시 먹이를 찾아 나선다. 그러나 숨겨 놓은 먹이의 절반 이상은 다시 찾지 못한다고 한다. 그렇게 잃어버린 열매와 씨앗 덕분에 숲이 더 울창해지고 보전된다. 다람쥐의 변변찮은 기억력은 오히려 숲 생태계에 보탬이 된다. 그러나 우리가 잃어버린 메모는 그 어느 누구에게도 도움이 되지 못한다. 가끔은 다람쥐보다 못한 기분이 들 때도 있다. 다람쥐는 귀엽기라도 하지 않은가.

나는 어릴 적부터 메모광이라는 단어를 좋아했다. 중학생 때 국어 교과서에 영문학자 이하윤의 수필 〈메모광〉이 실려 있었다. '완전 코미디네'라는 생각이 들 정도로 병적으로 메모에 집착하는 자신을 고백함으로써 스스로를 희화화 하지만 한편으로는 자신의 메모 습관에 진한 자부심을 드러내는 수필이다. 그는 병적으로 메모에 집착하는 자신을 메모광이라 불렀다. 머리에 떠오르는 생각을 망각의 세계로 놓치고 싶지 않아서 아무때나, 아무 종이에나 메모를 하곤 했다. 메모를 할 수 없는 상황에 떠올랐던 생각을 까맣게 잊어버리거나, 급히 작성한 메모가 불충분해서 알아보기 힘든 때의 안타까움과 괴로움을 잘 표현한다. 한국전쟁이 끝나고 얼마 지나지 않아 교통수단도 변변치 않던 그의 학창시절에 비교적 먼 거리였던 친구 집에 메모한 것을 두고 온 일이 있었다. 자려고 누워도 마음이 불안하고 진정되지 않아 그 길로 친구 집에 되돌아가서 메모를 찾아 오고서야 비로소 잠들 수 있었다고 하니 가히 병적인 메모광이라 할 만하다. 그는 자신의 메모가 전진하는 인생의 발자취이며 소멸해가는 생애의 설계도라고까지 했다.

이 수필을 읽은 다음부터인지, 아니면 나도 이하윤 못지 않은 결벽증이 있었는지 어릴 적부터 메모를 열심히 해왔다. 내 아버지는 아주 오래전부터 신문을 읽으시면서 하얀 여백에 빽빽하게 손글씨를 쓰시곤 하셨다. 또한 담배갑과 껌종이에 한자와 한글을 섞어가며 틈만 나면 메모하시는 것을 보면서 자랐다. 지금도 본가에 가면 아버지가 여기저기 무엇인가를 메모해 놓은 것을 발견하게 된다. 이런 피를 물려받은 것인지, 아버지의 메모 습관을 어려서부터 보면서 자라서인지 모르지만 분명 나도 메모하는 습관이 있다. 이 착한 습관은 부족한 내 기억력을 상당히 보충해주었다. 그리고 무엇보다 메모하는 습관은 책을 쓰는데 '내가 메모하는 습관이 없었다면 어쩔 뻔 했나'라는 생각이 들 정도로 큰 도움이 되고 있다. 내가 직장에 다니면서 책을 여러 권 쓸 수 있었던 데에는 자료수집 취미와 함께 메모하는 습관이 가장 큰 도움이 되었다고 생각한다.

집의 서재와 회사의 내 자리는 온통 각양각색의 포스트잇이 붙어 있고, 화이트보드에는 빼곡하게 무엇인가 쓰여 있다. 나름 내용과 중요도를 구별하고 강조하기 위해 글씨도 검정, 파랑, 빨강, 그리고 초록 등으로 쓰여 있어 얼핏 보면 알록달록 예쁘기도 하고, 다소 복잡해 보이기도 한다. 그러나 나름 나만 아는 규칙으로 나열되어 있는 것이라 멍하니 메모만 보고 있어도 생각이 꼬리에 꼬리를 물어 혼자 상상의 나래를 펴며 의미있는 시간을 보내곤 한다. 회사에서는 직원들이 내 메모를 사진으로 찍어가서 업무에 활용하기도 한다. 그 내용이 더는 필요 없어졌을 때 해당 메모는 제거되거나 지워지지만 이내 새로운 내용이 다시 추가된다. 이런 메모 습관은 이제 일상이 되었다.

회사에서 갓 대리로 승진한 29세의 마지막 날에 김광석의 〈서른 즈음에〉를 들으며 서른이 되면 뭔가 큰일이 날 것처럼 어른이 되는 것을 두려워했던 기억이 난다. 그런데 정작 이 노래는 40세가 되었을 때 더 마음에 와 닿았다. 그리고 50이 되었을 때는 〈어느 60대 노부부의 이야기〉를 들으며 어른이 된다는 것, 인생을 살아간다는 것에 깊이 있는 묵상과 성찰을 할 수 있었다. 그리고 이런 오랜 감성과 느낌은 에세이 『어른이 되어보니』로 세상 빛을 보게 되었다. 바로 29세의 마지막 날에 남겼던 '십년 후에 나는 어떤 마음으로 이 노래를 듣게 될까'라는 메모 덕분이었다.

20권이 넘는 책을 쓴 윤코치연구소 윤영돈 소장은 자신의 메모는 씨앗이며, 이 씨앗들이 열매, 즉 책으로 성장한다고 표현한다. 또한 그날그날 쓰고 싶은 글의 시작이 될 만한 단어를 컴퓨터 바탕화면에 남겨두는 작가도 있다. 하루에 수도 없이 컴퓨터를 들여다보기 때문에 자신의 아이디어를 한치도 놓치지 않게 되는 좋은 습관이다.

책을 잘 쓰기 위한 '5가지' 습관들

4
일단 많이 쓰자

> 작가가 되고 싶으면 무엇을 하든 이 두 가지를 해야 한다. 책을 많이 읽고 많이 쓰는 것이다.
> 스티븐 킹

'책'에 가장 잘 어울리는 동사는 '읽다'이지만 '글'에 가장 잘 어울리는 동사는 '쓰다'이다.

한 TV 토크쇼 진행자가 베스트셀러 작가인 스티븐 킹에게 어떻게 글을 쓰냐고 물었을 때 그는 이렇게 대답했다. "한 번에 한 단어씩 쓰죠." 진행자는 웃으며 넘겼지만 그는 농담으로 대답한 것이 아니었다. '모든 작품은 한 단어씩 써서 완성된다'는 당연한 원칙을 말하고 싶었던 것이다. 총 5부 16권으로 되어 있는 박경리의 『토지』는 한국 근대문학의 최고 보물이다. 등장인물이 6백 명이 넘는 이 방대한 역작도 '1897년의 한가위'라는 말로 시작한다.

스타트라인에 서 있는 육상, 수영, 빙상 선수의 진가는 신호 소리와 함께 힘차게 내딛는 한 발자국, 한 동작부터 시작된다. 글쓰기의 제1법칙은 종이에 낱말을 쓰는 것, PC문서의 빈 화면에 첫 단어를 타이핑하는 것에서 시작한다는 것이다.

글쓰기는 재능보다 습관에 가깝다

평소에 글쓰기를 좋아하는 사람은 일단 책을 쓰는데 매우 유리하다. 그러나 이것이 글을 써보지 않은 사람은 책을 쓰지 못한다는 의미가 아니다. 지금부터라도 글을 쓰는 습관을 들이면 된다. 글을 쓰는 일은 생각보다 많은 시간이 들지도 않고, 그럴듯한 공간이 필요한 것도 아니고, 돈이 드는 작업도 아니다. 그저 무엇이라도 손으로 종이에 끄적거리는 것, 컴퓨터에 무엇이라도 써보는 것, 스마트폰 메모장에 무슨 말이라도 써보는 것, 당신이 오늘 수도 없이 남겼던 SNS 피드와 댓글 정도의 글쓰기 습관으로 시작하면 된다. 글쓰기를 날 잡아서 시작하는 특별한 이벤트처럼 생각하면 좀처럼 지속하기 어렵다. 벼르고 별러서 비싼 글쓰기 강좌를 들어도 본인이 글을 써보지 않으면 말짱 도루묵이다. 그저 숨쉬고, 걸어가고, 밥을 먹는 것처럼 자연스런 행동으로 만들면 된다. 나의 일상을 쓰고 감정, 생각, 계획 등 내 안에 있는 것을 툭툭 꺼내 놓는 행위가 글쓰기다.

연습을 위한 글쓰기는 처음부터 거창하게 시작할 필요는 없다. 순서대로 쓸 필요도 없다. 지금 생각나는 것, 방금 관찰한 것, 좋아하는 것, 방금 느낀 것 등 지금 쓰고 싶은 것을 쓰면 된다. 중요한 것은 습관으로 만드는 것이다. 자신이 좋아하는 것에 대해 쓰는 것이 가장 좋은 방법이다. 정재승 교수는 어려서부터 책벌레이자 영화광이었다. 영화 보기를 밥 먹기보다 좋아하는 청소년은 많다. 그러나 정 교수는 조금 더 나갔다. 영화평을 열심히 써본 것이다. 그는 이때의 습관이 지금 책을 쓰는데 큰 도움이 되고 있다고 말한다.

　나는 글쓰기가 재능의 영역이 아니라 습관의 영역이라고 생각한다. 어떤 글이든 계속 쓰면 늘기 때문이다. 김연수 작가가 쓴 『우리가 보낸 순간』이란 책에는 이런 말이 나온다.

　그러므로 쓰라. 재능으로 쓰지 말고 재능이 생길 때까지 쓰라. 작가로서 쓰지 말고 작가가 되기 위해 쓰라.

　꾸준히 쓰다 보면 습관이 되고, 습관이 내재화하면 재능이 된다. 그리고 책을 쓰기로 결심하는 순간 이미 재능을 갖춘 작가로서 첫걸음을 내딛는 것이다. 글쓰기는 꾸준한 습관에서 비롯된다. 꾸준히 글을 쓰다 보면 어느새 써야 되는 글이 아니라 써지는 글이 된다.
　이상주 작가는 『글쓰기로 내면의 상처를 치유하라』에서 글쓰기 연습이 습관이 되는데 과학이 입증한 '66일의 반복'이란 연구결과를 소개한다. 심리학자 필리파 랠리 교수는 새로운 습관을 정착시키는 데 시간이 얼마나 걸리는지 알아보려 한 가지 실험을 고안했다. 실험에는 평균 27세 백여 명이 참석해 매일 15분 걷기, 점심 마다 과일 먹기, 매일 아침 윗몸일으키기 50번 중에서 한 가지를 선택해서 84일간 지속하는 연구였다. 실험 결과 특정 행동이 습관으로 정착되기까지 평균 66일이 걸렸다고 한다. 결과적으로는 66일 정도 지나면 새로운 행동이 자동으로 굳어져 생활의 일부가 된다는 것이다. 사람마다 다르겠지만 두 달 정도만 꾸준히 해보면 습관이 된다니 꾸준히 두 달만 글쓰기를 해보는 것도 인생에서 그리 밑지는 장사는 아니다.

글을 쓰다가 영감이 떠오를 때 느끼는 흥분은 이루 다 말할 수 없다. 자신의 생각과 감정이 오롯이 글로 표현되는 순간도 마찬가지다. 글을 쓰는 사람만이 느낄 수 있는 특권이다. 보통은 일상 생활 중에 좋은 영감이 떠올라도 그냥 잡념처럼 영영 사라져버리곤 한다. 이런 영감은 글로 옮겨야 내 것으로 만들 수 있다. 또한 글을 많이 쓸수록 꼬리에 꼬리를 물고 계속 영감이 떠오르는 경험을 더 많이 하게 될 것이다.

습작이 중요하다

한 유명한 음악가가 뉴욕의 거리를 걷고 있는데 한 젊은이가 정중하게 길을 물었다. "실례지만 카네기홀로 가는 길을 아시는지요?" 음악가는 조용히 미소 지으며 대답했다. "열심히 연습하는 것입니다."

한국 농구 역사상 가장 위대한 슈터라 인정받는 이충희는 선수 시절 매일 천 개의 슛을 연습했다. 비록 2군 리그에서 뛰고 있어서 사람들이 잘 모르는 프로 야구 선수도 모두 손바닥에 두껍게 굳은 살이 박혀있다. 순수 국내파로서 빈 클라이번 콩쿠르에서 지휘자를 울리며 최연소 우승자가 된 임윤찬은 하루 12시간씩 피아노를 쳤다. 한동안 '1만 시간의 법칙'이란 말이 유행하기도 했다. 어떤 분야의 전문가가 되려면 1만 시간의 훈련이 필요하다는 것으로, 1만 시간은 매일 3시간씩 10년 간 훈련하거나, 매일 10시간씩 투자할 경우 3년이 걸린다. 이런 정도까지는 아니더라도 책을 쓰려면 글 쓰는 연습을 해야 한다.

책을 잘 쓰기 위한 '5가지' 습관들

책을 출간한다는 것은 누군가 돈을 지불하고 당신이 쓴 책을 산다는 의미로 아마추어 수준에서 프로의 수준으로 올라선다는 의미다. 위에서 언급한 사례까지는 아니더라도 프로가 되려면 어느 정도 글을 쓰는 연습이 필요한 것은 당연하다. 요즘은 인터넷에서 필요한 자료는 거의 찾을 수 있는데다 인공지능 챗봇이 등장해 직접 자료를 조사하는 수고를 많이 줄여주고 있다. 그렇지만 책을 쓴다는 것은 여기저기서 자료를 짜깁기해 보고서를 작성하는 것이 아니다. 기존의 자료를 자신의 내면과 결합해서 자기만의 스타일로 재탄생시키는 것을 의미한다.

세계에서 가장 유명한 글쓰기 강사로 인정받는 바버라 베이그는 『하버드 글쓰기 강의』에서 '프리라이팅Freewriting'이라고 하는 습작 방법을 소개한다. 펜과 종이를 준비하거나 컴퓨터를 켠 후 10분 정도 글을 쓰는 것이다. 주제를 정할 필요가 없다. 주제가 머리 속에 맴돌더라도 그 주제를 고집할 필요는 없다. 구성을 신경 쓰지 않아도 되고 문장의 연결이 일관될 필요도 없다. 아무 말이나 쓰는 것이다. 본인이 쓴 것을 다시 읽을 필요도, 내용을 이해할 필요도 없다. 중요한 것은 쉬지 않고 계속 글을 쓰는 것이다. 이 말은 생각을 멈추지 않는다는 뜻이다. 다른 사람에게 보여줄 필요가 없으니 다른 말이 떠오르지 않으면 같은 문장을 계속 반복해서 써도 상관 없다. 5분을 해도 상관없지만 바버라는 10분을 써야 훈련 효과가 있다고 강조한다. 단지 머릿속에 떠오르는 말과 아이디어에 귀를 기울이고 글로 쓰기만 하면 된다. 그러나 처음에는 이 10분 동안 버티는 것이 꽤

나 힘들다고 한다.

    이 훈련을 하루 10분씩, 일주일에 3회를 몇 주간만 반복하고 어떤 일이 일어나는지 보라고 한다. 자신이 쓴 글을 평가하거나 비평할 필요가 없다. 단지 종이 위에 무엇이 적혀 있는지, 자신이 무엇을 좋아하는지만 주목하라는 것이다. 처음에는 '나보고 우스꽝스럽게 이런 것을 하라고?'라며 부정적이던 상당수의 사람이 그 효과에 감탄한다고 한다.

    프리라이팅 훈련으로 얻게 될 가장 중요한 소득은 아무런 방해 받지 않고 자신의 생각과 지식, 하고 싶은 말을 편안한 마음으로 종이에 옮기게 된다는 점이다. 시간이 갈수록 마음 속에서 말하고 싶어 하는 능력에 더 자신감이 붙고 집중력도 향상시킨다고 강조한다. 프리라이팅은 고난이도의 기술을 연마한다기보다는 기초 훈련에 가깝지만 아무 방해도 받지 않고 종이나 컴퓨터 화면 위에 자신의 생각을 옮기는 습관과 기술이 갖춰질 것이다.

    바버라가 말하는 방식을 조금 변형해도 상관없다. 응용통계를 전공하는 대학생 A는 2학년을 마치고 휴학 중에 꾸준하게 프리라이팅 연습을 했다. 다른 사람의 조언을 참조하여 아침에 일어나면 무조건 30분씩 프리라이팅 방식으로 글쓰기 연습을 그리고 저녁에는 함께 글 쓰는 동호회 사람들과 함께 조금 타이트한 방식으로 연습했다. 글을 쓰다가 멈춘 지 5초가 지나면 화면 글씨 색깔이 점점 연해져 금방 자신이 쓴 글이 삭제되는 프로그램으로 매일 연습을 했다. 아무 글이나 멈추지 말고 빨리 쓰는 연습을 한 것이다. 그렇게 1년이 넘도록 쉬지 않고 무엇인가 계속해서 쓰는 연습을 했다. 혼자 꾸준히 하기 어려워 동호회에 속한 사람과 함께 서로 독려하며 진행했다. 그렇게 글쓰기를 연습하다가 평소 관심있던 세계관으로 소설을 구상해 온라인 사이트에 시리즈로 업로드했고 하룻밤 만에 조회수 1위를 달성했다. 그리고 복학하기 전에 출판사와 정식 계약을 맺어 웹소설을 출간했다. 첫 책을 낸 후 얼마 지나지 않아 출판사 요청으로 출간한 책의 외전을 이어서 출간했다. 그리고 아예 글을 쓰는 쪽으로 전공을 바꿀 계획도 가지고 있다. 글을 쓰는 순간이 가장 행복하기 때문이다.

A작가는 바로 내 딸이다. 아빠가 책을 많이 쓴 작가라 딸에게 어떤 모양으로든 도움을 줬을 거라 이야기하지만 내가 도와준 것은 출판사와 계약할 때 계약서를 검토해준 것일 뿐, 나는 딸이 프리라이팅 연습을 하는지도, 책을 쓰고 있는지도 몰랐다. 딸아이가 쓰는 필명과 책의 제목도 계약서를 보고서야 알았을 정도였다. 단지 오랜 시간 꾸준하게 아침마다, 밤마다 열정적으로 계속 무엇인가 쓰고 있었다는 사실만 알고 있을 뿐이었다.

일기를 쓰는 것도 좋은 글쓰기 연습이다. 일기를 꾸준하게 쓰는 사람은 책을 쓰는데 매우 유리하다. 자신의 생각을 내 안에서 끄집어내는 연습을 많이 해온 사람이기 때문이다. 프레드 화이트는 『글쓰기의 모든 것』에서, "일기를 쓰면 나중에 큰 작품을 쓸 마음의 준비를 할 수 있을 뿐 아니라 새로운 아이디어를 많이 얻을 수 있다"고 강조했다. 일기의 독자는 미래의 자신이지만 책을 쓰기로 결심했다면 자신뿐 아니라 다른 사람에게도 보여줄 수 있는 글로 모드 전환을 하는 연습을 하면 된다. 책을 쓰고 싶은 마음이 있는 사람이라면 지금부터 시작해서 한달이든, 일년이든 꾸준히 일기를 써보는 것도 매우 좋은 글쓰기 훈련 방법이 된다.

다른 사람의 사례를 참조해서 검증된 방법으로 글쓰기 연습을 하다 보면 자신만의 고유한 훈련 방법이 생긴다. 30권 이상의 책을 쓴 감사나눔연구원 양병무 원장은 신문의 칼럼을 분석하면서 글 쓰는 연습을 했다고 한다. 매일 신문의 칼럼을 골라 분석하면서 반 년 동안 연습했더니 글쓰기에 자신감이 생겼다고 한다. 신문의 칼럼은 짧은 글이지만 시대를 아우르는 시각과 본인의 인사이트가 녹아든 좋은 글들이기 때문이다. 글쓰기 연습을 위해 필사를 하는 사람이 많은데 이왕 필사를 하려면 무턱대고 소설을 따라 써보는 것보다 칼럼을 필사해 보는 것이 훨씬 큰 도움이 된다.

나는 글이 잘 안 써질 때면 카페에 가서 주위 사람들의 대화를 적곤 한다. 사람들의 평범한 이야기는 의외로 재미있다. 방송인 김제동 씨는 강연을 하다가 청중을 골라 대화를 이어간다. 그런데 그가 고르는 청중마다 기가 막힌 스토리와 아이디어를 가지고 있다. 그래서 사람들이 어떻게 그런 청중을 딱딱 골라내느냐고 물으면 이렇게 답한다. "아무나 고르면 돼요. 사연 없는 사람은 없거든요." 나도 이렇게 사람들의 일상에 귀 기울이는 습관으로 자기계발서나 실용서 위주의 글을 쓰다가 에세이까지 쓰게 되었다. 에세이의 주제는 '일상'이고, 커피를 마시며 대화를 나누듯이 쉽고 편안한 글로 이뤄지기 때문이다. 자기계발서와 실용서를 쓰면서 내 자신의 전문성이 강화되는 것을 느꼈으나 에세이를 쓰면서는 내 삶을 더 사랑하게 되는 것을 경험했다. 어떤 장르의 글을 쓰더라도 나 자신은 성장한다.

책을 잘 쓰기 위한 '5가지' 습관들

꾸준한 글쓰기가 정답이다

책을 써보고 싶은 사람도 막상 자신이 책 한권을 써야 한다고 생각하면 숨이 턱 막힌다. 한권의 책이 되려면 보통 200자 원고지 8백 매에서 천 매 정도의 원고가 필요하다. 이는 A4 용지로 백 페이지에서 1백20 페이지 정도의 분량이다. 1년 동안 A4 용지로 일주일에 두세 페이지 정도의 글을 쓰면 되는 것이다. 일주일에 두세 페이지면 그리 부담되는 분량은 아닐 것이다. 계산상으로는 매일 새벽 혹은 저녁에 1시간, 주말에 서너 시간 글을 쓴다면 책 한권 분량의 글을 쓰는 데 불과 서너 달이면 가능하다는 의미다.

나는 책을 많이 읽어도 속도가 빨라지지 않는 것처럼, 글을 많이 써도 그 속도가 좀처럼 빨라지지 않는다. 글은 생각과 관련이 있기 때문이다. 그런데 『해피메이커』란 책은 불과 보름 만에 다 쓰기도 했다. 매일 지하철로 2시간 이상 출퇴근해야 했던 덕분에 2주 동안 노트에, 스마트폰에 계속 이야기를 써 내려갔다. 그러다가 내려야 하는 곳을 지나친 것도 여러 번이다. 내 경험을 기반으로 한 비즈니스 우화집이었기에 가능했다. 원고는 빨리 썼지만 나는 그 글을 바로 책으로 낸 것을 후회한다. 조금 더 시간을 가지고 퇴고를 여러 번 거쳤으면 훨씬 나은 책을 쓸 수 있었을 것이라는 생각 때문이다.

『태백산맥』의 저자 조정래 작가는 어떻게 하면 글을 잘 쓸 수 있느냐는 독자의 질문에 "글쓰기는 돌을 단 두개 이용해서 강을 건너는 것"이라 설명했다. 뒤에 있는 돌을 앞으로 옮겨 놓아가며 결국 혼자만의 힘으로 강을 건너는 일'이라는 것이다. 이 말은 '문학의 징검다리'라는 표현으로 유명한데 많이 읽고, 많이 생각하면서 성실하게,

결국 자기 자신이 꾸준히 해야 하는 일이라는 의미다. 조급하면 물에 빠지거나 물살에 휩쓸려 어디론가 떠내려가버린다. 이렇게 글쓰기의 강을 건너다보면 미처 경험하지 못했던 일을 경험하게 된다.

요즘 방송 채널이 많아지고 넷플릭스 같은 스트리밍 서비스 플랫폼에서도 자체 제작하는 영화, 드라마가 늘어나면서 처음 보지만 연기를 아주 잘하는 조연급 배우가 많이 소개되고 있다. 그러나 자세히 알고 보면 대부분 연극무대에서 실력을 갈고 닦아온 배우들이다. 비록 얼굴이 알려질 기회는 얻지 못했지만 오랜 시간 탄탄한 내공을 쌓아온 사람들이다. 많은 책을 읽고 오랜 시간 꾸준하게 글을 써온 사람은 좋은 책을 쓸만한 내공과 실력을 갖추게 된다.

글을 잘 써서 책을 내는 사람은 많지 않다. 꾸준히 글을 쓰는 사람이 책을 낸다. 특히 도전하기를 두려워하지 않거나 자신을 사랑하는 사람이라면 더 책을 쓰라고 강하게 권하고 싶다. 그런 사람이 쓴 글은 많은 독자에게 선한 영향력을 행사하기에 충분하기 때문이다.

꾸준하고 성실하게 오랜 시간 무엇인가를 지속한다는 것은 쉽지 않다. 그러나 당신의 글을 읽고 인생이 변하거나 큰 도움을 받게 될 독자를 생각해보라. 이렇게 스스로 동기부여를 하면서 조금씩 글을 쓰다 보면 어느새 당신의 손에 당신의 이름으로 출간된 멋진 책이 들려있게 될 것이다.

글을 쓰다 보면 영감이 떠오른다

기가 막힌 영감을 가지고 글쓰기를 시작하는 사람은 많지 않다. 스티븐 테일러 골즈베리는 『글쓰기 로드맵 101』에서 "글쓰기를 시작하기 전에 영감이 오기를 기다린다면, 정신이 번쩍 들 많은 통찰력을 기대한다면, 당신은 어리석을 뿐 아니라 작가와 인연이 없는 사람이다"라고까지 했다. 일단 쓰라는 의미다. 글을 쓴다는 물리적 행위 자체가 상상력을 불러 일으킨다는 말이다. 영감은 대개 글을 쓰는 중에 떠오른다. 좋은 생각은 꼬리에 꼬리를 물고 떠오른다. 일단 글쓰기의 수레바퀴에 올라타면 점점 탄력이 붙는 것을 느끼게 될 것이다.

나는 어려운 일이 있을 때 백지를 한 장 갖다 놓습니다. 그리고 그걸 반으로 접습니다. 한쪽에는 어려운 일을 적습니다. 다른 한 쪽에는 다행이고 감사한 일을 적습니다. 그러나 어느 한 번도 한쪽만 채워지는 적은 없었습니다. 어려운 일이 있으면 반드시 좋은 일도 있었습니다. 사는 게 그런 것 같습니다.

강원국의 『대통령의 글 쓰기』에 소개된 김대중 전 대통령의 일화다. 글을 쓰다 보면 미처 생각지 못했던 일도 생각이 날 것이다. 글을 써본 사람만이 느낄 수 있는 글쓰기의 매력이다.

어떤 작가는 문법, 단어 선택, 어색한 문장이나 장황한 문장을 어떻게 고칠까 등을 염려하느라 글을 쓰기도 전에 진을 다 빼버린다. 하지만 글이란 여러 차례 퇴고를 거듭하면서 완성체로 나가는 과정이지 한 번의 글쓰기로 끝나는 결과물이 아니다. 그러므로 초안을 쓸 때는 일단 머릿속에 있는 생각을 종이에 다 옮겨 놓는 데에만 집중해야 한다. 내용을 정돈하고 다듬는 것은 나중에 해도 될 일이다. 프리라이팅 같은 훈련이 중요한 이유다.

20세기 영국을 대표하는 작가 E. M. 포스터는 "일단 종이에 옮기지 않고서는 나도 내 머릿속에 든 생각을 다 안다고 말할 수 없다"는 유명한 말을 남겼다. 처음부터 완성된 글을 쓰려고 괴로워할 것이 아니라, 단 한 줄이라도 자신의 문장을 쓰기 위해 노력하면 된다.

책을 쓰다가 필요한 정보 하나를 찾으면 그 뒤로 연관 정보가 줄 서서 대령하고 있었던 것처럼 계속 나오기도 한다. 글을 쓰다가 잠시 쉬려고 다른 책을 집어 들었는데 거기서 막혀있던 생각을 뚫어주는 힌트를 얻기도 한다. 밤에 자다가 꿈에서 답을 얻기도 한다. 어쩌다 한번이 아니라 생각보다 자주 그렇다. 이럴 때면 소름이 쫙 끼친다. 책을 쓰기 전에는 전혀 경험해보지 못했던 일이다. 또한, 전혀 다른 생각으로 썼던 문장이 하나의 글로 기가 막히게 묶이기도 한다. 다른 목적과 생각으로 썼던 글이라도 내 자신이 쓴 글이고, 나의 내면과 생각의 굴레 안에서 나온 것이므로 비슷하게 묶일 수 있게 되는 것이다.

글을 쓰다가 벽에 부딪혀 멈추게 되는 경우도 있다. 이럴 때는 질문형 글쓰기 방식을 사용해보면 도움이 많이 된다. 자신이 쓰고자 하는 내용, 이미 쓴 내용을 질문으로 바꿔보는 것이다. 그리고 그 질문에 대한 답을 찾아가는 것이다. 가령, '새로운 시대에 필요한 팀장 리더십'에 대한 글을 써야 한다면 새로운 시대란 어떤 시대를 의미할까, 팀장 리더십은 무엇을 의미하는지, 팀장 리더십이 새로운 시대에 부응하지 못하면 어떤 일들이 벌어지는지, 등을 생각해보고 글로 써보는 것이다. 그러면 의외로 벽을 뛰어 넘는 좋은 글이 써지는 것을

책을 잘 쓰기 위한 '5가지' 습관들

경험할 것이다. 질문형 글쓰기를 해보면 생각지 못했던 것을 발견할 수 있고, 해당 주제에 대해 다시 한 번 명확히 이해하게 된다.

글쓰기의 매력에 풍덩 빠져라

글쓰기는 재미있는 놀이다. 주의가 산만한 아이도 자기가 좋아하는 일을 할 때면 몇 시간이고 그대로 앉아서 놀이를 즐긴다. 집중력이 약해 잠시만 앉아 있어도 좀이 쑤시는 나도 글을 쓸 때면 앉은 채로 몇 시간이 훌쩍 지나가곤 한다. 그러나 이렇게 되기까지는 책을 몇 권 쓰는 시간이 필요했다. 나는 싫증을 잘 느끼는 성격에다 허리도 좋지 않아 조금만 오래 앉아 있어도 몸이 배배 꼬인다. 그런데 유독 글을 쓸 때는 자리에서 일어나지 않고 너댓 시간 앉아서 계속 글을 쓰곤 한다. 글쓰기에 집중하면 미처 경험해보지 못한 신세계를 맛보기도 한다. 김병완 작가는 이런 현상을 '라이터스 하이(Writer's High)'라고 표현했다.

> 글쓰기의 임계점을 돌파하면 피로감이 사라지고 타이핑 소리가 마치 음악 소리처럼 들리고 세상과 완전하게 분리되어 하늘 위를 걸어 다니는 것처럼 느끼게 된다. 글의 재료가 내면에서 끊임없이 솟구쳐 오르고 자신이 마치 천재가 된 것 같은 착각에 빠지기도 한다. 하지만 이 순간만은 당신이 천재보다 더 천재다운 사람임을 부정할 필요는 없을 것 같다. 이러한 임계점을 나는 '라이터스 하이writer's high'라고 명명하고 싶다. 라이터스 하이 상태가 되면 놀랍게도 아드레날린과 엔도르핀이 분비된다. 이러한 물질들은 신이 인간에게 고통을

견디게 하기 위해서 내린 물질이다. 고통에 맞서는 인간에게 뇌가 선사하는 선물이기도 하다. 마약과 같은 물질이 분비되면서 고통보다는 행복감과 희열을 느끼게 되는 것이다. 이런 경험을 하면 당신의 인생이 바뀌는 것은 시간 문제다.

김병완, 『김병완의 책쓰기 혁명』, 아템포, 2021

글쓰기에는 쾌감이 있다. 순수한 즐거움이 있다. 어떤 일이든 즐거워서 한다면 언제까지나 지칠 줄 모르고 할 수 있다. 삶의 무게로 어깨는 축 늘어지고, 하늘 한 번 올려다 볼 여유가 없는 직장인의 현실에 이런 기쁨을 줄 수 있는 일이라면 왜 마다하겠는가. 글쓰기가 어렵게 느껴지거나 다른 사람에게 보여주기 꺼려지는 것은 자신이 즐겁게 쓰지 못했기 때문이다. 일단 글 쓰는 즐거움을 느껴보는 것이 중요하다. 잘 쓰는 것은 그 다음 문제다.

2012년 미국 하버드대학 연구에 따르면 자기 이야기를 할 때 활성화되는 뇌 부위가 음식을 먹거나 돈이 생겼을 때 활성화되는 영역과 일치한다고 한다. 자기를 표현하는 일이 행복과 만족을 주는 것이다. 남의 것을 읽는 것을 넘어 나의 것을 표현하는 것이 인생을 행복하게 하는 것이다. 또한 글쓰기는 마음을 부지런하게 만드는 마법이 있다. 무심히 지나쳤던 일들도 유심히 관찰하게 되고, 다른 사람의 입장에서 세상을 바라보는 연습을 하게 된다. 글쓰기에 매력을 느낀다면 평생 취미가 생긴 것이다.

책을 잘 쓰기 위한 '5가지' 습관들

5
글 쓰는 장소와 시간을 확보하자

나만의 루틴을 만들어라

책을 쓰는 사람은 물론이고 글쓰기를 좋아하는 사람에게 물어보면 대부분 글을 쓰는 일정한 시간과 장소가 있다. 오롯이 자신이 쓰고 있는 책을 생각하고 집중해서 글을 쓰기 위해서다. 김영하 작가는 "작가에게 글쓰기 최고의 장소는 감옥이다"라고 했다. 아무것도 신경 쓰지 않고 오로지 글쓰기에 집중할 수 있기 때문이다.

나는 처음에 가족이 모두 잠들고 난 조용한 거실에서 가장 글이 잘 써졌다. 그러나 에세이를 쓰면서부터는 카페에서 글을 쓰는 시간도 제법 된다. 물론 나중에 손을 봐야하는 시간도 많이 필요하지만 지하철이나 버스 등 대중교통을 이용하는 동안 끄적거린 글도 책의 중요한 부분을 구성했다. 회사에서 좋은 생각이 떠오르면 점심시간이나 퇴근길에 대충 메모를 하고 집에 와서 정리하곤 했다. 대부분 이 작업은 역시 가족이 모두 잠든 후였다. 그런데 아이들이 성장하고 취침시간이 늦어지면서 나만의 글 쓰는 시간은 축소되어가서 틈나는 대로 카페에서 쓰는 시간이 늘어났다. 이 시간을 확보하기 위해 약속 장소에 조금 일찍 도착해서 틈틈이 글을 쓰기도 한다. 약속 상대가 조금 늦으면 오히려 감사한 생각이 든다. 그만큼 책을 읽거나 글을 쓸 시간이 확보되기 때문이다. 그래서 유명한 작가들처럼 글 쓰는 작업실로 출근해서 종일 책 읽고 글 쓰다가 남들 퇴근하는 시간에 퇴근하는 일상을 꿈꾸기도 한다. 아직은 글만 써서 먹고 살 수 있는 단계는 아니고, 글 쓰는 시간을 많이 확보한다고 해서 좋은 글이 나오는 수준도 아니기 때문에 이 꿈은 조금 뒤로 미뤄놓은 상태다. 아직까지는 직장생활을 열심히 하면서 틈틈이 글을 쓰는 것이 내게 더 맞는 것 같다.

인생에서 우리가 실제로 활용할 수 있는 시간은 극히 제한적이다. 잠자는 시간, 회사에서 일하는 시간, 잡생각을 하는 시간, TV나 유튜브를 보는 시간, 친구나 지인과 보내는 시간, 부모님이나 친척집을 방문하는 시간, 아이들을 돌보는 시간, SNS를 들여다보는 시간 등을 빼면 정작 자신에게 할애할 수 있는 시간은 많지 않다. 비즈니스임팩트의 이재형 대표는 주로 주말 오전 6시부터 3~5시간 책을 썼다고 한다. 아이들이 일어나면 놀아주거나 돌봐줘야 해서 글을 쓰기 어렵기 때문이었다. 이 시간을 효율적으로 활용하기 위해 가능하면 금요일 저녁에도 약속을 잡지 않고 잠도 일찍 자려고 노력했다는 것이다. 그렇게 퇴근 후 1~2시간, 주말에 3~5시간 정도를 꾸준히 투자해 일주일에 글을 쓰기 위해 11~20시간을 확보할 수 있었다고 한다. 여기서 프로와 아마추어가 나뉜다. 프로는 바쁜 일상 속에서도 영리하게 자신만의 시간을 확보하지만 아마추어는 여기저기 기웃거리며

책을 잘 쓰기 위한 '5가지' 습관들

시간을 낭비한다. 그리고 겉으로는 늘 프로보다 더 바쁘다.

그렇게 하루 한두 시간 정도라도 자신만의 시간을 사수하고 시간을 주도적으로 사용할 수 있어야 여유 있고 행복한 삶을 사는 느낌이 든다. 이것이 진정한 워라블이다. 이런 시간을 일정 기간 보내고 나면 손 안에 자신의 이름으로 된 책이 한권 들리게 되니 이 얼마나 생산적인 일인가.

심리적 안정감과 물리적 편안함을 줄 수 있는 글쓰기 장소가 있으면 더할 나위 없다. 그 공간은 작가에겐 치열한 작업의 현장이지만 한편으로는 팍팍한 인생에서 너덜너덜해진 자신을 보듬으며 치유해 주는 곳이다. 요즘은 1인 가구가 늘어나서 혼자 사는 작가도 많아지고 있다. 물론 혼자 살기 때문에 방해 받지 않고 마음껏 글을 쓰는 사람도 있다. 그런데 집에서는 집중이 되지 않아 일부러 카페를 찾거나 스터디 카페, 공공도서관을 이용하는 사람도 많다.

『야근이 사라지는 문제해결의 기술』을 쓴 글로벌액션러닝그룹 곽민철 소장은 글쓰기 외에 아무것도 할 수 없는 시간과 장소를 활용한다고 한다. 어쩔 수 없이 고립되는 시간과 장소가 오히려 글쓰기에 최적이라는 것이다.

글을 쓰며 발견한 또 다른 점은 누구에게나 아무것도 할 수 없는 시간과 장소가 분명히 있다는 점입니다. 예를 들면 출장길의 기차나 비행기, 모두가 낮잠을 자고 있어 깨우면 안되는 고요한 거실, 퇴근 후 만원 지하철에서 운 좋게 앉아있는 그 시간 모두 글쓰기에는 최고의 시간입니다.

작가란 혼자 덩그러니 놓여지는 데 익숙한 사람이다. 책을 쓰는 순간 세상에서 스스로를 격리해야 한다. 세상과 더욱 소통하기 위해 잠시 고독을 즐기는 사람이 돼야 한다. 고독이 나쁘거나 특별한 사람들의 사치품이 아니라 때로는 우리에게 꼭 필요한 필수품이다. 상황에 따른 사회적 거리두기가 아니라 글을 쓰는 순간 타인과 사회로부터 혼자 거리를 두는 시간에 참된 자아와 마주하게 된다. 쓸쓸함이 찾아오면 쓸쓸함과 놀고, 외로움이 찾아오면 외로움과 어울리면 된다. 책을 쓰는 순간은 물리적으로, 정서적으로 혼자 놓이게 되기 때문에 이런 일들에 익숙해져야 한다.

자기만의 시간과 공간을 확보해도 이것이 루틴이 되지 않으면 소용이 없다. 부끄럽지 않은 책을 위해 꾸준하게 글을 쓰는 자기만의 루틴을 확보해야 한다. 가장 많이 추천되는 방법이 1~2시간 일찍 일어나서 새벽에 책을 쓰는 미라클 모닝법이다. 실제로 직장에 다니면서 책을 쓰는 사람이 가장 많이 사용하는 방법이다. 그러나 나는 야행성이라 새벽에는 맥을 추지 못했다. 대신 남보다 조금 늦게 자더라도 집에서는 매일 새벽 1~2시에 가장 글이 잘 써졌다. 그리고 나면 하루를 보람 있게 보냈다는 만족감에 잠도 잘 왔다. 정답은 없다. 자신에게 맞는 시간에 자신이 가장 글쓰기에 집중할 수 있는 공간에서 자신만의 루틴으로 글을 쓰는 것이 정답이다.

책을 잘 쓰기 위한 '5가지' 습관들

3부

글을 잘 쓰는 '10가지' 비결

(1) 누가 읽을지를 먼저 생각하자.
(2) 짧고 쉽게 쓰자.
(3) 나쁜 습관을 버리자.
(4) 치열하게 쓰고 품격 있게 다듬자.
(5) 자신만의 개성을 담아내자.
(6) 참고자료를 잘 활용하자.
(7) 팩트 위주로 명확하게 쓰자.
(8) 첫 문장과 마지막 문장에 공을 들이자.
(9) 퇴고가 더 중요하다.
(10) 계속해서 스스로 동기를 부여하자.

어떤 장르든 간에 글은 인간이 고안한 도구 중에서 가장 강력한 영향을 주는 표현방식이다. 　　　　　　　　　　　　프레드 화이트 책쓰기에 관한 책과 강좌가 넘쳐난다. 유튜브에서 책쓰기 혹은 글쓰기라는 키워드를 검색해보면 생각보다 많은 영상이 올라와 있다. 그러나 몇 권의 책을 골라 읽어보거나 비싼 수업료를 내고 기웃거려도 좀처럼 따라 하기 어렵다. 대부분 15분 이내로 구성되어 있는 관련 영상도 강사의 이야기에 고개가 끄덕여지지만 막상 따라하려면 막막하다. 책쓰기에 대한 로망은 구체적 글쓰기로 구현되어야 하는데 아무리 나름의 노력을 기울여봐도 여전히 평범한 자신의 글이 사람들에게 어떻게 보여질지 자신이 없고 용기가 나지 않는다.

막상 글을 쓰려 해도 막막하다. 태어나서 어린시절부터 한국말을 시작하고, 초등학교 들어가기 전에 한글 다 떼고, 초·중·고 12년 동안 국어를 열심히 공부했다. 대학에서도 레포트를 비롯해 각종 글을 써댔다. 직장생활 하면서 보고서, 기획안, 이메일 등 무수한 글을 써왔다. 대부분 정답이 정해져 있었다. 자신이 쓴 글이 평가되고 점수화되는 틀에 박힌 글이었다. 그래서 막상 내 글을 쓰려고 하면 자신이 없어진다.

말하는 것은 자신 있는데 아무래도 다른 사람에게 보여지는 글은 '혹시 망신당하는 것은 아닐까'라는 생각에 망설여진다. 그래서 포기하는 사람도 있겠지만, 그런데도 열심히 글을 써서 책을 낸 저자는 이런 물음표를 느낌표로 바꾼 사람이다. 글 실력은 자꾸 쓰다 보면 는다.

당신은 이미 많은 글을 쓰고 있다. 각종 보고서, 기안서, 일지, 회의자료, 발표자료, 심지어 하루에도 수십 통 이상 보내야 하는 이메일과 수시로 주고 받는 메신저까지 따져보면 업무의 대부분이 글쓰기와 관련 있다 해도 과언이 아니다. 승진을 해서 직급이 올라갈수록 더 그렇다.

글을 잘 쓰는 사람을 살펴보면 두 가지 행동에 익숙하다. 즉 어떤 주제에 관해 쓸 거리(소재)를 찾아내는 것과 그 내용을 다른 사람에게 전달할 어휘와 문장(글)을 끌어내는 것이다. 글을 많이 쓰는 작가는 이 두 가지 기교에 능한 사람이다. 결국 글쓰기는 쓸 거리를 찾고 그것을 표현해 내는 것이다. 잘 생각해보면 이미 우리에게 익숙한 일이다. 너무 늦었다는 생각은 하지 말라. 자기 안에 많은 경험과 생각이 쌓여야 더욱 좋은 글로 표현되어질 가능성이 높다. 아직 기회를 만나지 못했을 뿐이다. 게다가 글쓰기에는 정년이 없다.

우리 세대는 중학교 때부터 영어를 배웠다. 그리고 고등학교를 거쳐 대학교까지 거의 영어를 10년은 배웠다. 그러나 따로 어학연수나 회화학원에서 힘들게 공부하지 않는 한 우리는 외국인이 말을 걸어오면 식은 땀이 난다. 신입사원 면접을 볼 때 토익점수 9백 점이 넘어도 영어를 시켜보면 더듬더듬 겨우 말하는 경우가 의외로 많다.

글을 잘 쓰는 '10가지' 비결

사실 국어는 더 심하다. 대부분 초등학교 들어가기 전부터 한글을 깨치고 평생 국어를 쓰면서 살아왔지만 자신의 감정과 생각을 자신있게 써낼 수 있는 사람이 많지 않은 것이 현실이다. 심지어 어린 시절, 자신의 가장 내밀한 이야기를 써야 하는 일기도 평가받기 위해 숙제로 제출했다. 방학이 끝날 때면 한달치 이상의 일기를 벼락치기로 쓰느라 초능력을 발휘하기도 했다. 제대로 된 일기를 써온 사람도 있겠지만 상당수는 숙제의 일부분이었던 일기로 자신의 내면 이야기를 솔직하게 쓰는 연습을 하기는 어려웠다. 일기는 글쓰기 연습보다는 없던 일을 지어내는 창의력 함양에 더 적합했다.

국어 교육의 효과성을 말하려는 것이 아니다. 그 많은 시간, 우리가 좀 더 국어 본연의 교육에 집중했더라면 어땠을까. 당장 이력서, 자기소개서, 심지어는 SNS에 몇 문장 쓰는 것도 자신없고 버겁다. 책을 써보라고 권하면 대부분 '글쓰기가 어렵다. 누가 내 글을 읽고 어떻게 생각할지 자신이 없다'고 대답하는 사람이 많다. 누구나 그렇다. 그러나 자신의 책을 쓴 작가도 그 단계를 거쳐갔다.

'책을 써야지'하면 엄두가 안 난다. 그러나 일단 글을 쓰기 시작하면 어느덧 책이 된다. 그리고 몇 가지 원리만 참고하면 다른 사람의 인생에 영향을 줄 수 있는 책의 저자로 성장할 수 있다. 이미 당신은 충분한 자질을 갖추고 있기 때문이다. 글쓰기에 정답은 없다. 어떤 사람은 논리적인 글을 잘 쓰고, 어떤 사람은 감성적인 글을 잘 쓴다. 그러나 원리는 있다. 각종 글쓰기 책에 이런 원리들이 자세히 나와있지만 가장 실질적이고 중요한 10가지 원리를 익히면 어느덧 글을 쓰고 있는 자신을 발견하게 될 것이다.

1
누가 읽을지를 먼저 생각하자

지금 누구에게 말하고 있는가?

글을 쓸 때 가장 먼저 해야 할 일은 누가 그 글을 읽을지 생각하는 것이다. 내 앞에 앉아 내 이야기를 듣고 있는 사람이 누구인지 명확히 아는 것이다. 자신이 정한 주제에 적합한 사람이 어떤 사람인지, 나는 누구에게 이 글을 보여주고 싶은지, 어떤 사람이 내 글을 읽고 가장 큰 도움을 받을 수 있을지 먼저 생각해야 한다. 그래야 책을 쓰는 과정에서 갈팡질팡하며 길을 잃지 않고 자신이 심사숙고한 주제에 제대로 집중할 수 있다. 내 앞에 누가 앉아 있는지 명확히 안다면 주제가 흔들리지 않고, 방향을 잘 잡아가며 그 사람에게 맞는 말을 해줄 수 있다. 글을 쓴다는 것은 내 앞에 앉아 있는 사람에게 도움을 주는 이야기를 풀어놓는 것이기 때문이다. 쓸데없는 내용이 담겨 있다면 독자의 아까운 시간을 빼앗는 것이다.

독자를 의식하는 글쓰기를 할 때에는 아래의 사항들을 고려해야 한다.

글을 잘 쓰는 '10가지' 비결

1. 독자의 관심을 어떻게 끌어 모을 것인가
2. 독자의 관심을 어떻게 붙잡아 놓을 것인가
3. 자신이 말하고 싶은 것을 어떻게 독자에게 분명히 밝힐 것인가

이 세 가지가 모두 가능하다면 독자를 웃게도, 울게도 할 수 있다. 당신의 글을 읽는 독자가 지루해하지 않고 흥미진진하게, 공부하며 배우는 자세로 읽게 되는 것이다

책은 상품이다. 상품은 판매를 위한 것이다. 상품은 팔려야 하고 글은 읽혀야 한다. 독자라는 소비자가 당신의 글을 선택하지 않으면 팔리지 않는다. 팔리지 않는 상품은 이유가 있다. 독자를 만족시키지 못했기 때문이다. 글은 필자가 아니라 독자가 주인이다. 독자가 읽을 만한 글을 써야 한다. 자신을 위한 글이 아니라 독자를 위한 글이 되어야 한다. 초보작가에게는 어려운 주문이다. 그러나 뛰어 넘어야 할 관문이다. 현실의 독자는 생각보다 더 까다롭고 분별력 있다는 사실을 알아야 한다.

구본준 작가는 『한국의 글쟁이들』에서 정재승 교수가 누구보다 독자를 잘 이해하고 그에 맞게 글을 쓰는 능력이 뛰어나다고 설명한다.

정재승 교수는 읽는 이들과의 심리 게임에 능하다. 독자의 호흡을 조절하면서 독자가 원하는 내용과 발언의 수위를 미리 예측하여 배치하는 것이다. 독자들이 깊이 알고 싶어하지 않을 듯하면 과감히 줄

여버리고 궁금해할 부분은 자세히 풀어주는 방식이다. 이는 철저히 독자 입장에서 자기 글을 바라보기에 가능한 것인데, 그만큼 독자들의 책 읽기 패턴과 심리를 잘 파악하고 있는 것이다. 이런 능력은 꾸준하고 광범위한 독서를 오랫동안 지속하면서 얻어낸 것들이다.

구본준, 『한국의 글쟁이들』, 한겨레출판, 2008

독자의 마음을 잘 이해하는 정재승 교수의 능력은 자신이 꾸준하고 광범위한 독서에서 얻어낸 것이라 한다. 이처럼 베스트셀러 작가는 독자의 심리를 꿰뚫어 보는 뛰어난 능력을 가진 사람이다. 그들은 독자가 자신의 글을 읽으면서 어떠한 감정을 느끼고 어떠한 반응을 보일지를 예측할 수 있다. 그래서 독자가 기뻐해야 할 때 기쁘게 만들고, 슬퍼해야 할 때 슬프게 만들고, 겸손해야 할 때 겸손하게 만든다.

좋은 글은 가만히 누워서 잠을 자는 것이 아니다. 독자의 마음과 머릿속에서 살아 움직인다. 독자의 내면에서 살아 꿈틀댄다는 말이다. 아주 오래 전에 읽었어도 여전히 당신의 마음속에 기억되는 책들이 그런 글로 채워져 있다. 어떤 글이든 기본적인 목표는 언제나 같다. 자신이 생각하는 독자에게 자신의 뜻을 명확하게 전달하고 긍정적 방향으로 영향을 주는 것이 공동의 목표라는 말이다.

결국 글을 쓴다는 것은 독자와의 소통에 관한 일이다. 지성에 관한 글이든, 감성에 관한 글이든 작가가 강의하거나 가르치듯이 일방적으로 쏟아 붓는 것이 아니라 상호 대화하는 것이다. 독자와의 대화를 전제로 글을 쓰면 독자는 분명 거기에 답하고 반응을 보인다.

글을 잘 쓰는 '10가지' 비결

글을 쓰는 동안 SNS를 활용하는 것도 좋은 방법이다. 쓰고 있는 글을 계속 올려 독자들의 반응이 '좋아요'로 나오면 확실한 동기부여가 된다. 또 댓글에는 자신의 생각을 적어 놓곤 한다. 이 댓글로 표현된 독자의 생각과 사례를 원고에 반영하면 내용이 더 풍성해질 수 있다. 부정적인 의견에는 자신이 미처 생각하지 못한 부분이 있었는지 살피며 보완해 나가면 된다. 일종의 집단지성을 활용하는 것이라 할 수 있다.

독자를 전제로 글을 쓸 때 한 가지 더 조심해야 하는 것이 있다. 독자를 무시하고 글을 쓰는 것도 문제지만, 독자의 마음에 들어야 한다는 생각에 너무 강하게 사로잡히면 자신만의 독특한 관점과 개성이 흐트러질 수도 있으니 균형을 잘 잡아야 한다. 어느 쪽으로든 일방통행이 아니라 양방통행인 글이어야 한다는 것이다. 결국 소통과 공감능력으로 독자를 잘 이해해야 글을 잘 쓸 수 있다.

2
짧고 쉽게 쓰자

실제로 글 쓰는 데 가장 중요한 것은 짧으면서 쉽게 읽혀야 한다는 것이다. 좋은 글은 대부분 짧고 쉽다. 시중에 소개된 책쓰기나 글쓰기 책에는 예외 없이 '짧게 써라'와 '쉽게 써라'는 내용이 포함되어 있다. 그만큼 짧게 쓰는 것이 기본 중의 기본이라는 얘기다. 그러나 이것이 생각보다 어렵다. 전보다 더 짧고 쉽게 쓸 수 있다는 말은 자신의 글쓰기 실력이 많이 늘었다는 의미다.

> 좋은 글이 가져야 할 세 가지 성격이 바로 쉽고 구체적이고 짧아야 한다는 말이다. 글은 무조건 쉬워야 한다. 글을 필자가 주인이 아니다. 글은 독자가 주인이다. 독자는 쉬운 글을 원한다.
>
> 박종인, 『기자의 글쓰기』, 북라이프, 2016

짧은 글이 좋은 글이다

초보작가들은 문장을 길게 쓰는 경향이 있다. 하고 싶은 말도 많고, 자신의 생각을 충분히 전달하고 싶기 때문이다. 물론 길게 표현해야 우아함과 감동을 느낄 때도 있다. 초보작가의 글이 장황해지는 것은 실력과 경험 부족에서 오는 경우가 많다. 책을 쓰는 경험이 쌓인 후 자신의 글을 보면 스스로도 보인다. 더 경험이 쌓이면 짧을수록 유리한 경우와 길게 설명해야 효과적인 경우를 구분하는 능력도 생긴다. 긴 문장으로 설명해야 더 좋을 때가 있다. 그러나 일반적으로 긴 글보다 짧은 글이 더 낫다.

베스트셀러 작가인 장강명 작가도 짧게 써야 한다는 것을 늘 강조하는데, 한 문장이 세 줄을 넘어갈 경우 무조건 손을 본다는 원칙을 가지고 있다고 한다. 초보작가일수록 자신이 쓴 글은 한마디도 버리려고 하지 않는 경향이 있다. 그러나 자신이 좋다고 생각하는 책들을 다시 한 번 살펴보라. 대부분 짧고 쉽게 쓰여져 있을 것이다. 글이 길어지는 이유는 욕심 때문이다. 짧게 쓸 수 있는 내용이 길어지면 세련미가 떨어지고 집중이 잘 안 된다. 그리고 늘어지는 글을 읽으면 글쓰기 연습이 충분히 되어있지 않음을 느끼게 된다. 에이브러험 링컨의 게티즈버그 연설은 역사상 최고의 연설 중 하나라고 인정받는다. 이 연설에서 사용된 단어는 단 266개였다. A4 용지에 옮겨 봐도 반 페이지도 되지 않는다.

강원국 작가는 『대통령의 글쓰기』에서 KISS 원리를 소개한다. KISS는 Keep It Short and Simple의 줄임말인데, 글은 광고 카피처럼 짧은 글이 좋다는 것이다. 실제로 짧은 광고 카피 한 줄이 두꺼운 책 한권보다 더 확실한 메시지를 전하는 경우가 허다하다.

짤막짤막한 단문으로 문장을 쓰면 유리한 면이 있다. 문장이 단순하며 문법적으로 틀리거나 어색함을 느낄 일이 별로 없고, 독자가 읽을 때 리듬감이 느껴져 가독성이 좋아진다.

    아래의 문장은 이 책을 쓰면서 작성한 초고이다. 퇴고를 하면서 보니 문장이 너무 길어 4개의 문장을 8개의 단문으로 수정했다. 수정 후에 소리 내어 읽어보니 리듬감과 가독성이 좋아졌다.

    수정전 막상 글을 쓰려 해도 막막하다. 태어나서 유아시절부터 한국말을 시작하고, 초등학교 들어가기 전에 한글 다 떼고, 초·중·고 12년 동안 국어를 열심히 공부했고, 대학에서도 리포트를 비롯해 각종 글을 써대고, 직장생활 동안 보고서, 기획안, 이메일 등 무수한 글을 써왔지만 대부분 정답이 정해져 있다. 자신이 쓴 글들이 평가되고 점수화되는 분위기에서 글을 써 와서 틀에 박혀 있다. 그래서 막상 내 글을 쓰려고 하면 자신이 없어진다. (4개의 문장)

    수정후 막상 글을 쓰려 해도 막막하다. 태어나서 유아시절부터 한국말을 시작하고, 초등학교 들어가기 전에 한글을 다 뗐다. 초·중·고 12년 동안 국어를 열심히 공부했다. 대학에서도 리포트를 비롯해 각종 글을 써댔다. 직장생활 하면서 보고서, 기획안, 이메일 등 무수한 글을 써왔다. 대부분 정답이 정해져 있었다. 자신이 쓴 글이라고 해도 평가되고 점수화되는 틀에 박힌 글이었다. 그래서 막상 내 글을 쓰려고 하면 자신이 없어진다. (8개의 문장)

    한국문학사상 최고의 단편소설 중 하나로 꼽히는 이효석의 「메밀꽃 필 무렵」은 A4 용지에 옮기면 전체가 불과 5페이지에 불과하다. 이 소설 중 가장 뛰어난 부분으로 꼽히는 아래 문장을 읽어보자.

글을 잘 쓰는 '10가지' 비결

조 선달 편을 바라는 보았으나 물론 미안해서가 아니라 달빛에 감동하여서였다. 이지러는 졌으나 보름을 갓 지난 달은 부드러운 빛을 흐븟이 흘리고 있다. 대화까지는 팔십 리의 밤길, 고개를 둘이나 넘고 개울을 하나 건너고 벌판과 산길을 걸어야 된다. 길은 지금 긴 산허리에 걸려 있다. 밤중을 지난 무렵인지 죽은 듯이 고요한 속에서 짐승 같은 달의 숨소리가 손에 잡힐 듯이 들리며 콩포기와 옥수수 잎새가 한층 달에 푸르게 젖었다. 산허리는 온통 메밀밭이어서 피기 시작한 꽃이 소금을 뿌린 듯이 흐븟한 달빛에 숨이 막힐 지경이다. 붉은 대궁이 향기같이 애잔하고 나귀들의 걸음도 시원하다. 길이 좁은 까닭에 세 사람은 나귀를 타고 외줄로 늘어섰다. 방울소리가 시원스럽게 딸랑딸랑 메밀밭게로 흘러간다. 앞장선 허 생원의 이야기 소리는 꽁무니에 선 동이에게는 확적히는 안 들렸으나, 그는 그대로 개운한 제멋에 적적하지는 않았다.

이런 묘사 후 조 선달과 몇 마디의 대사가 이어진 다음에 왼손잡이 허 생원이 성서방네 처녀와 물방앗간에서 우연히 마주쳤던 밤의 일을 꿈결같이 묘사한다. 그리고 다음 4개의 문장으로 소설이 끝난다.

나귀가 걷기 시작하였을 때, 동이의 채찍은 왼손에 있었다. 오랫동안 아둑시니같이 눈이 어둡던 허 생원도 요번만은 동이의 왼손잡이가 눈에 띄지 않을 수 없었다.
걸음도 해깝고 방울 소리가 밤 벌판에 한층 청청하게 울렸다.

달이 어지간히 기울어졌다.

거의 한 줄로 끝나는 문장들을 따라 읽어가다 보면 독자도 나귀와 발걸음을 맞춰 환한 달빛 아래 메밀꽃이 꿈결처럼 흐드러지게 핀 봉평 시골길을 함께 걷고 있는 것처럼 느껴진다. 허 생원과 성서방네 처녀, 동이의 인생을 구구절절 설명하지 않아도 그들의 인생이 독자들의 머릿속에 팝콘 터지듯이 그려진다. 내 기억에도 강하게 남아 몇 번이나 메밀꽃 피는 무렵인 8월과 9월에 일부러 봉평에 가서 하얀 소금을 뿌린 듯이 사방에 흩어져 있는 메밀꽃을 보고 오곤 했다. 중학교 2학년 때 읽었던 이 소설에 40년이 지난 지금도 엊그제 읽은 문장들처럼 고스란히 남아 있게 만든 것이 바로 짧은 문장으로 소설을 끌어간 이효석 작가의 문학적 힘이다.

글이 길어지면 작가가 말하고 싶은 것이 무엇인지 애매해지고, 독자도 글의 요지를 파악하기 어렵게 될 공산이 크다. 쉽고 명확하게 표현할 수 있음에도 지식도, 감동도 없고 재미까지 없는 글을 쓰는 것은 작가의 도리가 아니다. 한 문장에는 한 가지 내용만 쓴다는 생각을 가지고 있어야 한다.

『캐리』,『미저리』 등을 쓴 소설가 스티븐 킹이 쓴 작법서 겸 에세이『유혹하는 글쓰기』머리말에는 이런 문장이 있다.

'글쓰기에 대한 책에는 대개 헛소리가 가득하다.'

킹은 자기 책에도 헛소리가 들어갈 것이기에 그걸 줄이려고 책을 짧게 썼다고 한다.『유혹하는 글쓰기』를 읽어봤는데 사실 이 글도 그렇게 짧지 않다. 짧게 쓰는 일은 쉬운 일이 아니다.

글을 잘 쓰는 '10가지' 비결

글쓰기 최고의 적은 횡설수설이다. 그런 글은 읽는 사람을 짜증 나게 하고 집중력도 떨어지게 만든다. 독자가 읽어서 최소한 작가가 의도한 핵심 메시지가 무엇인지 알아챌 수 있는 글이어야 한다. 문장 하나하나에서 군더더기를 제거하고, 쓸데없는 묘사나 접속사, 중복되는 어휘를 피하는 연습이 필요하다. 단순명료하고 압축되면서도 자연스레 읽혀야 한다. 그래야 글이 논리적으로 전개된다. 독자가 작가의 호흡을 따라갈 수 있으며, 전하고자 하는 메시지를 정확하게 이해할 수 있게 하기 위해서는 줄이고 생략해야 한다.

이 시대 최고의 인문학 저술가로 알려진 정민 교수는 글쓰기에 대한 이야기에서 스승 이종은 교수와의 에피소드를 소개했다. 정민 교수가 한시를 번역할 때 원문을 보고 '텅 빈 산에 나뭇잎은 떨어지고 비는 부슬부슬'이라 적었더니 "뭔 말이 그렇게 많아"라고 하며 이렇게 줄였다는 것이다.

'빈 산 잎 지고 비는 부슬부슬'

오래 전에 접했던 이 에피소드는 이후 내 글쓰기에 큰 영향을 미쳤다. 글을 쓸 때마다 '더 줄일 수 있는 곳이 없을까'라는 생각으로 다시 들여다보고 글을 줄이는 습관이 생겼다. 그러나 아무리 줄이고 줄여도 계속해서 줄일 것을 발견하면서 글에서 군더더기를 빼는 일이 어려운 일임을 날로 깨달아가고 있다. 이 책을 쓰면서도 마찬가지다. 퇴고하면 할수록 빼고 줄일 문장이 계속 나오기 때문이다. 더 이상 뺄 것이 없는 글이 좋은 것이다. 쓸데 없이 끼어 있는 사족들은 지방덩어리나 마찬가지다. 군살은 건강에만 해로운 것이 아니다.

글을 줄이기 위해서는 단어나 접속사만 빼면 되는 것이 아니다. 오랜 시간 길들여진 글쓰기 습관을 고쳐야 한다. 가령, '현빈은 미남이라 하지 않을 수 없다'는 글은 '현빈은 미남이다'라고 고쳐야 한다. '기본기가 충실한 선수가 성공할 수밖에 없을 것 같다'는 글은 '기본기가 충실한 선수가 성공한다'로 고칠 수 있다. 이런 습관이 되어 있으면 담백하고 리드미컬한 글을 쓸 수 있게 된다.

GM의 메리 바라 회장은 부사장일 때 GM의 관료주의에 문제를 느껴왔다. 한번은 회사의 복장 규정에 관한 논쟁으로 매우 시끄러웠다. 그가 당시 10페이지에 달하던 GM의 드레스 코드 매뉴얼을 '적절히 입으라(dress appropriately)'는 단 두 마디로 대체한 일화는 꽤 유명하다.

작가의 입장에서는 가능한 많은 정보를 전달하고 싶어한다. 돈을 지불하고 자신의 책을 읽는 독자에게 하나라도 더 알려주고 싶은 마음이 든다. 그러나 독자의 이해도를 높이기 위해 뭘 더 쓸까를 생각하기보다는 무엇을 더 빼서 핵심 내용이 잘 드러나도록 하는 것이 필요하다. 직장에서 글을 쓰고 싶어하는 사람은 시나 에세이를 쓸 수도 있겠지만 대부분 자신의 업무 혹은 비즈니스에 관련된 실용서나 자기계발서를 쓰게 된다. 특히나 비즈니스 책은 단순하고 명확한 전달력이 생명이다. 자신의 글이 짧고 단순한지 살펴보라. 필요한 말만 적혀 있고 군더더기가 없다면 주로 단문 위주로 구성되어 있기 때문이다. 무턱대고 줄이라는 말이 아니다. 군더더기가 없어야 한다는 의미다. 문장을 짧게 쓰는 것에도 원칙이 있다.

인하대 김동식 교수는 『인문학 글쓰기를 위하여』에서, "생각의 길이와 글의 길이를 서로 같게 한다는 원칙에 충실해야 한다"고 적었다. 생각을 드러내기에 말이 충분하지 않으면 글이 모호해지고, 생각은 없이 말만 길게 늘어뜨리면 글이 지루해진다는 의미다. 우리의 글은 보통 너무 장황해서 길을 잃기 때문에 군더더기 없이 단문으로 써야 한다. 그러나 그 단문에는 작가의 생각이 충분히 담겨 있어야 한다.

쉬운 글이 좋은 글이다

한 후배가 책을 낸다고 추천사를 부탁해왔다. 독서와 책을 소개하는 서평 모음이었다. 그런데 표현이나 단어가 어려웠다. 제대로 읽으려면 한 문장을 여러 번 읽어야 했다. 복문이 많이 나와 호흡을 끊지 않고 따라가기 버거웠다. 책을 읽은 후 피드백을 부탁해서 딱 한마디 해줬다.

"좀 쉽게 써."

그런데 동의를 하지 않았다. 소위 파워블로거인데 자신이 블로그에 쓴 글에는 공감, 칭찬 일색이고 '좋아요' 많다고 했다. 그래서 나는 농담 반 진담 반으로 계속 블로그만 하라고 했다. 문제가 또 하나 있었다. 글이 독자를 가르치는 듯한 문체였다. 그리고 '교양인이라면 이 정도 책은 읽어야지', '책을 읽으면 이 정도는 느껴야지'라는 우월의식이 느껴지는 것 같아 뭔가 불편했다. 책으로 자신의 지식을 자랑하려는 의도만 부각되는 느낌이었다. 세상에는 스승이 넘쳐난다. 요즘 독자는 책으로 배우기보다 공감과 연대를 확인하고 싶어한다. 책에서 무엇을 배울지는 독자가 판단한다.

　수업을 어렵게 진행하는 교수는 자신이 수업 내용을 잘 이해하지 못해서다. 내용을 완전히 꿰뚫고 있으면 아무리 어려운 내용도 쉽게 풀어서 강의한다. 진짜 실력 있는 고수는 어려운 말을 쓰지 않는 법이다. 말이나 글에서 잘난 척 하지 않고 자기가 알고 있는 것을 상대에게 쉽게 설명한다. 어설프게 아는 사람이 어렵게 설명하는 것이다.

　김주리 생각표현연구소 소장은 『사이다 공식으로 톡 쏘는 글쓰기 비법』에서 "내가 만약 글을 쓰는데 자꾸만 어려운 말이 튀어나오고 있다면 그것은 유식해져서가 아니다. 오히려 내가 그 사실에 대해 정확하게 파악하지 못하고 있는 것이 아닌지 의심해봐야 한다"고 강조한다. 자신의 전문 분야를 쓰더라도 자신의 자녀가 이해할 수 있을 정도로 써야 한다. 신문기자들이 처음 입사하면 '신문 독자는 중학교 1학년'이라는 말을 많이 듣는다고 한다. 쉽게 쓰라는 의미다.

　술술 읽히는 쉬운 글이 최고다. 나도 거의 매일 글을 쓰지만 쓰면 쓸수록 읽기 쉬운 글 쓰기가 어렵다고 느낀다. 그래서 잘 읽히는 글을 만나면 저자가 누구인지 더 알아보게 되고 그 저자가 쓴 책을 찾아 읽어보게 된다.

　다시 한 번 말하지만 쉽게 쓰는 것이 어려운 이유는 욕심 때문이다. 더 잘 쓰고 싶은 생각 때문이다. 그럴듯한 표현과 멋진 말로 자신의 우월성을 드러내고 싶기 때문이다. 스티븐 킹은 『유혹하는 글쓰기』에서 "글쓰기에서 정말 심각한 잘못은 낱말을 화려하게 치장하려고 하는 것으로, 쉬운 낱말을 쓰면 어쩐지 좀 창피해서 굳이 어려운 낱말을 찾는 것이다. 그것은 애완 동물에게 야회복을 입히는 것과 마찬가지다"라고 했다. 애완 동물에게 야회복을 입히는 것을 상상해 보라. 얼마나 우스꽝스러운 일인가.

쉬운 글은 독자가 '나도 이 만큼은 쓸 수 있겠다'라는 생각을 주는 글이다. 그만큼 단순하고 명료하다는 의미다. 독자가 막상 글을 써보면 그렇게 쉽게 쓰는 것이 어렵다는 것을 금방 깨닫게 될 것이지만 말이다. 지식이 있는 사람은 단순한 문제를 복잡하게 말하지만, 내공이 있는 사람은 복잡한 문제를 단순하게 말하는 사람이다.

3
나쁜 습관을 버리자

좋은 글을 방해하는 빌런 3형제

사람마다 말할 때 고유한 버릇이 있듯이 글을 쓸 때도 자신만의 습관이 있다. 자신은 잘 모르지만 읽는 사람들은 느낄 수 있다. 좋은 습관도 있지만 버려야 할 나쁜 습관도 있다. 대부분의 글쓰기 책에서 유독 강조하는 내용이 있다. 많은 책에서 강조한다는 것은 그만큼 글쓰기에 중요하다는 의미고, 쉽게 개선되지 않는 것을 뜻하기도 한다.

    독자는 글을 읽을 때 무의식적으로 리듬감을 느끼며 읽는다. 리듬이 깨지면 글에 집중하기 어렵다. 글을 읽을 때는 마치 작은 보트를 타고 유유히 강을 흘러 내려가는 느낌이어야 한다. 흐름이 매끄럽지 않으면 중간에 폭포나 큰 바위를 맞닥뜨린 것처럼 보트가 심하게 흔들리거나, 망망대해에 둥둥 떠 있다가 어느 순간 목적지에 덜컥 도달해버린 느낌을 준다. 글에서 자연스레 리듬감이 느껴지지 않으면 거부감이 생긴다. 바둑을 하나도 모르는 사람이 바둑 방송을 보는 느낌일 것이다. 결국 읽지 않게 된다. 글을 쓸 때 문장의 길이와 형태를 다양하게 조절하면서 필요 없는 것들을 줄여 리듬감을 살려야 한다.

수식어를 줄여라

부사와 형용사만 줄여도 글이 담백하고 세련되게 바뀐다. '너무' '아주' '굉장히'라는 단어를 많이 쓴다. '황홀하게' '최고의' 같은 수식어가 글맛을 망치고 촌스러운 글로 전락시킨다. 마크 트웨인도 '매우' '무척' 등의 단어만 빼도 좋은 글이 완성된다고 했다. 글을 다 쓴 후 퇴고할 때 나도 가장 신경 쓰는 부분이다. 글을 고치고 고쳐도 줄이고 뺄 것 투성이다. 빼고 줄일수록 글은 더 잘 생겨진다. 아예 없앨 수는 없지만 부사와 형용사는 특성상 문장에서 빠져도 무방한 품사다. 글쓰기에 있어 나쁜 습관이 반복되면 전달력이 떨어진다. 한양대 정민 교수도 제자에게 글쓰기 조언을 할 때 "글에서 부사와 형용사를 30퍼센트 정도만 줄여라"고 늘 말한다. 글쓰기는 전달력이 중요한데 이 전달력은 문장을 줄일수록 좋아진다.

수정전 어제 그는 몸이 **굉장히** 아팠다.
수정후 어제 그는 몸이 아팠다.

수정전 야외에 나오니 애완견 누리의 표정이 **무척** 밝아졌다.
수정후 야외에 나오니 애완견 누리의 표정이 밝아졌다.

수정전 새 드레스는 둘째 아이에게 **행복한** 기쁨을 선사해주었다.
수정후 새 드레스는 둘째 아이에게 기쁨을 선사해주었다.

웬만한 수식어를 제외해도 문장에는 큰 지장이 없다. 오히려 더 매끄러워지고 전달력이 좋아진다.

'의'와 '것'을 생략하는 것도 필요하다. 쓸데 없는 수식어는 제외한다. 아래 예문을 살펴보자.

수정전 나**의** 노트북을 빌려가서**는** 감감무소식이었다
수정후 내 노트북을 빌려가서 감감무소식이었다

수정전 그와 함께 시간을 **보낸다는 것은** 재미있는 일이 많이 **생긴다는 것을** 의미한다
수정후 그와 함께 시간을 보내면 재미있는 일이 많이 생긴다

수정전 내가 노트필기를 꼼꼼히 한**다는 것을** 아는 **여러** 친구들이 매 시험**기간** 때면 **내게서** 노트를 빌려가서**는** 복사를 하고 **시간이** 한참 **지난** 후 **다시** 돌려주곤 했다.
수정후 내가 노트필기를 꼼꼼히 하는 것을 아는 친구들이 시험 때면 노트를 빌려가서 복사를 하고 한참 후 돌려주곤 했다.

쓸데없는 수식어를 줄이고, 필요 없는 단어와 조사만 제외해도 글은 매끄러워진다. '어제는 몸살기가 굉장히 심했다'보다는 '어제는 몸살기가 심했다'로 써도 아팠다는 내용이 잘 전달된다. '그는 회사에서 최고의 운전 실력을 자랑하는 직원이었다'라는 표현보다 '그는 회사에서 가장 운전을 잘했다'라는 표현이 낫고, '그는 운전을 잘 하는 직원이었다'라는 표현이 더 깔끔하다.

글을 잘 쓰는 '10가지' 비결

접속사를 피하라

자초지종을 자세히 설명하고 싶어 문장마다 '그러나' '그리고' '하지만' '왜냐하면' '그런데' 등의 접속사가 들어가는 글이 많다. '어제는 비가 왔다. 그러나(그런데/하지만) 오늘은 맑았다'라고 쓰는 습관이 베어 있다. 이 문장에서 '그러나, 그런데, 하지만'등은 빼도 상관 없다. 오히려 더 매끄럽다.

문장을 단문 위주로 짧게 쓰다 보면 접속사를 많이 사용하게 되는데 의식적으로 접속사를 빼고 쓰는 연습을 해보면 그래도 글이 되는 것을 알 수 있다. 꼭 필요할 때는 들어가야 하지만 접속사를 빼면 문장이 더 담백해지는 것을 느낄 수 있다. 논리적으로 잘 쓰인 문장은 굳이 접속사가 필요하지 않다.

> **수정전** 오늘은 모처럼 날씨가 맑았다. **그래서** 사람들이 야외로 많이 나왔다. **그러나** 생각보다 차가 많이 밀리지 않았다.
>
> **수정후** 오늘은 모처럼 날씨가 맑았다. 사람들이 야외로 많이 나왔다. 생각보다 차가 많이 밀리지 않았다.

소리 내어 읽어보면 글이 많이 가벼워짐을 느낄 수 있다. 리듬감과 전달력이 좋아진다.

수동태는 능동태로 바꿔라

우리는 글을 쓸 때 자신도 모르게 수동태를 많이 사용하고 있다. 어릴 때부터 영어를 배우면서 수동태가 한글 표현에서도 자연스럽게 녹아들었다. 번역서를 많이 읽어 수동태에 많이 노출되어 있다. 수동태가 문법적으로 문제는 없지만 능동형이 더 힘이 있다. 수동태보다 글이 더 밝아지는 느낌이 든다. '준비되다' '희생되다' '뽑히다' '보여지다' '쓰여지다' 등 우리는 일상에서도 많은 수동태 형태를 사용하고 있다. 수동태를 줄이고 능동태 사용을 늘이기 위한 방법은 간단하다. 주어는 사람을, 동사는 능동태로 사용하면 된다. 보통의 경우 주어는 생략되는데 숨겨진 주어가 사람이면 능동태가 된다.

수정전 발상의 전환이 이루어져야 한다.
수정후 발상을 전환해야 한다.

수정전 정확한 조사가 이루어져야 한다.
수정후 정확히 조사해야 한다.

수정전 시민들의 의견이 효과적으로 수렴되어야 한다.
수정후 시민들의 의견을 효과적으로 수렴해야 한다.

수정전 내일부터 입학원서 접수가 시작됩니다.
수정후 내일부터 입학원서 접수를 시작합니다.

아동문학가이자 우리말 연구자로서 곱고 예쁜 우리말 바로쓰기에 앞장 섰던 이오덕 선생은 생전에 나쁜 글이란 다음과 같은 글이라고 설명했다. 이 나쁜 글이 가진 특징의 반대로 쓰면 좋은 글이 된다.

글을 잘 쓰는 '10가지' 비결

가장 많이 발견되는 세 가지 나쁜 글쓰기 습관 외에 참조해봄직하다.

나쁜 글이란
무엇을 썼는지 알 수 없는 글
알 수는 있어도 재미가 없는 글
누구나 다 알고 있는 것을 그대로만 쓴 글
자기 생각은 없고 남의 생각이나 행동을 흉내 낸 글
마음에도 없는 것을 쓴 글
꼭 하고 싶은 말이 무엇인지 갈피를 잡을 수 없도록 쓴 글
읽어서 얻을 만한 내용이 없는 글
곧 가치가 없는 글
재주 있어 멋지게 썼구나 싶은데 마음에 느껴지는 것이 없는 글이다.

4
치열하게 쓰고 품격 있게 다듬자

불광불급不狂不及이란 말이 있다. '미치지 않으면 미치지 못한다'는 뜻이다. 세상에 미치지 않고 이룰 수 있는 큰일이란 없다. 위대한 예술가나 학자는 모든 것을 바친 사람처럼 다른 것을 온전히 잊는 몰두 덕에 빛나는 성취를 이뤄냈다. 세상은 넓고 할 일은 더욱 많아지는 세상이라 벌여 놓은 일이 많다. 또한 세상은 정신없이 변한다. 그러므로 책을 쓰기로 결정한 사람이 해야 할 일은, 자신의 모든 것을 집중해서 치열하게 쓰고, 날마다 홍수처럼 쏟아지는 정보 속에서 옳고 그름을 판단해 품격 있게 다듬어야 한다. 남들 하는 대로 이리저리 몰려다니다가 세월 다 보내고 나면 후회만 남는다. 책을 쓰기로 결정한다는 것은 치열하게 자신만의 품격이 드러나는 글을 쓰겠다고 다짐하는 것이다.

치열하게 써라

미국의 칼럼니스트 월트 W. 레드 스미스는 글쓰기가 쉽다고 했다. 백지를 응시하고 앉아 있기만 하면 된다는 것이다. 이마에 핏방울이

글을 잘 쓰는 '10가지' 비결

맺힐 때까지 말이다. '미치면 미친다'는 의미다. 강원국 작가도 『대통령의 글쓰기』에서 치열한 글쓰기를 비슷하게 표현한다.

> 많이 읽고, 많이 써보지 않아도 죽을 힘을 다해 머리를 짜내면 누구나 좋은 글을 쓸 수 있다. 목숨 걸면 누구나 잘 쓸 수 있다. 글 쓰는 데 왜 목숨까지 걸어야 하느냐고? 그래서 못 쓰는 것이다.

옆에서 보면 글을 편하게 술술 잘 쓰는 사람이 있다. 그러나 그 사람이 그 글을 쓰기 위해 평소에 어떤 노력을 기울였는지 살펴봐야 한다. 글을 잘 쓰는 사람은 대부분 치열하게 쓴다.

생물학자 최재천 교수는 한 인터뷰에서 "나는 아직도 글을 잘 쓰는 게 아니라 몇 번이나 고쳐가면서 치열하게 쓴다"고 한다. 그는 글을 쓸 때면 고치고 또 고치고 수십 번을 고치는 과정에서 소리 내서 읽어보며 입에서 잘 굴러야 만족한다. 어딘가에 글을 보낼 때 "안 굴러가면 다시 고치고, 또 안 굴러가면 다시 고치고, 거짓말 조금 보태면, 수십 번을 고친 다음에 보냅니다. 저는 글을 잘 쓰는 것이 아니라 치열하게 씁니다"라고 했다.

결국 필사적으로 쓴다는 것이다. 같은 맥락으로 스티븐 킹도 "여러분이 죽어라고 열심히 노력하기가 귀찮다면 좋은 글을 쓰고 싶다고 말할 자격이 없다"고 한다.

글쓰기 달인이라 불리는 이 사람들이 한결같이 치열하게 쓰라고 강조한다. 어떻게 하면 멋들어진 문장을 쓸까 하는 고민은 글을 잘 쓰는 데 도움이 되지 않는다. 기교로 주는 감동은 한계가 있다. 가장 좋은 문장을 쓰는 사람은 가장 치열하게 고민하는 사람이다. 쓰고 싶은 내용을 깊이 생각하고 진심을 담아 꾹꾹 눌러 쓴다. 그리고 치열하게 가다듬는다.

근사한 글을 쓰고자 애를 쓰기보다 어떻게 하면 글의 목적을 이룰 수 있을까를 고민해야 한다. 치열하게 글을 쓰기 이전에 치열하게 생각해야 한다. 치열하게 고민하다 보면 어느 순간 글쓰기가 술술 풀리는 것을 경험할 것이다. 그러려면 머리와 가슴을 함께 사용해야 한다. ChatGPT 같은 인공지능 챗봇에게 명령하면 웬만한 책이 금방 탄생한다. 갈수록 작가가 설 자리는 없어 보인다. 그러나 이런 현상을 두려워할 것이 아니라 오히려 책의 기준으로 삼으면 된다. 장르와 상관 없이 개인의 고유한 감성, 경험, 느낌을 진정성 있게 담아 적어도 그런 챗봇보다는 나은 책을 쓰면 된다.

『바람의 딸, 걸어서 지구 세 바퀴 반』이라는 책을 시작으로 출간하는 책마다 베스트셀러, 스테디셀러인 한비야는 누적 책 판매량만 2백만 권이 넘는 대표적인 글쟁이다. 그러나 그는 자신이 작가, 혹은 저술가로 불리는 일을 민망해 한다. 자신은 글을 잘 쓴다고 한 번도 생각해 본 적이 없고, 오히려 글을 잘 쓰면 좋겠다고 생각한다니 겸손도 이런 겸손이 없다. 그는 단지 자신이 글을 쓸 때 매일매일 생각하는 말이 있다고 한다. '머리를 때리는 글이 아니라 가슴을 때리는 글을 쓰자'라는 것이다. 간단한 말이지만 힘이 넘치고 멋지다. 한비야 작가의 글은 술술 읽히는 것이 장점이다. 최고의 전달력을 자랑하는 것이다. 그의 글이 이렇게 쉽기 때문에 글도 술술 써내려 갈 것 같지만 사실은 정반대다. 원고를 써 놓고 스스로 마음에 들 때까지 수십 번씩 퇴고를 하는 통에 교정지는 아예 빨간 글씨가 더 많다. 그는 심지어 자학하면서 글을 쓴다고 한다. "이렇게 좋은 소재로 왜 이것밖에 못 써!"라며 스스로를 몰아세운다. 그렇게 쓴 글을 또 소리 내어 읽어본다. 입으로 읽다가 매끄럽지 않으면 글을 다시 고친다. 한마디로 자신의 이야기를 쉽고 정확하게 전달하기 위해서 치열하게 글에 매달리는 것이다.

소설 『레미제라블』의 저자인 빅토르 위고는 스스로 놀고 싶은 유혹을 뿌리치기 위해 하인에게 속옷까지 몽땅 벗어 주면서 해가 질 때까지는 절대 자신에게 옷을 갖다 주지 말라고 하고 종일 방에서 글을 썼다고 한다. 치열하게 글을 쓸 수밖에 없는 환경으로 자신을 몰아넣은 것이다.

하루하루 흘러가는 시간을 바라보며 넋 놓고 있는 사람들과 달리 바쁜 직장생활 중에 책을 쓰기로 결심한 사람은 누구보다 치열하게 살고 있는 사람들이다. 그들의 오늘은 어제보다 두 배나 절실하다. 그런 절실함이 글에 담겨야 한다. 이런 치열함 없이 기술만으로 쓴 글은 단정하고 잘 정돈된 느낌을 주지만 공감이 가지는 않는다. 오히려 조금 엉성해도 눈으로 읽다가 마음이 덜컥 무너지는 글도 많다. 장르를 떠나 모든 글을 읽으면 작가가 글을 쓸 때의 마음을 읽을 수 있다. 책을 쓰고 싶어하는 직장인이라면 글을 쓰기 위해 이지니 작가가 가졌던 마음을 살펴봄직하다. 절박하고 간절함이 묻어나야 치열하게 글을 쓸 수 있기 때문이다.

살면서 간절하고 절박한 꿈을 만난 것을 축복이라 말하고 싶다. 나는 행운아다. 혹시나 이 글을 읽고 오해하는 사람이 있을까 봐 한마디 덧붙이자면, 누군가 고액 책쓰기 수업을 듣겠다고 한다면 도시락 싸들고 말리겠다. 내가 들었던 고액 수업이 비싼 만큼 그 값어치를 해서 첫 책을 출간할 수 있었던 것이 아니다. 그만한 돈을 다 들이부었기에, 더는 갈 곳이 없기에 어떻게든 책을 내야만 하는 절박함이 컸기에 최선을 다했을 뿐이다.

이지니, 『무명 작가지만 글쓰기로 먹고 삽니다』, 세나북스, 2021

품격 있게 다듬어라

자신의 이름으로 책이 나오면 자신의 인생 명함이 된다. 부끄러운 책이 나온다면 여태껏 살아온 자신의 인생에 먹칠을 하는 것이 된다. 누구에게 내놔도 부끄럽지 않아야 한다. 초보작가들은 때로 이런 말이 마음에 와 닿지 않을 것이다. 일단 자신의 이름으로 책을 낸다는 것에 꽂혀 있어 막무가내로 책을 낸다. 그러나 한 번 세상에 나온 책은 되돌릴 수 없다. 잘못하면 책 때문에 자신이 살아온 인생을 우습게 만들 수도 있는 것이다.

    어렵고 높은 학문적 지식을 의미하는 것이 아니다. 쉽고 술술 읽히는 책이 더 좋다. 그러나 이런 책에도 스스로 부끄럽지 않은 만큼의 품격을 담아내야 한다. 퍼스널 브랜딩이 가능한 품격이 필요하다는 의미다. 당신의 퍼스널 브랜드는 단순히 이미지만을 의미하지 않는다. 외면의 이미지뿐 아니라 속에 숨겨진 내면의 아름다움까지 보여줄 수 있어야 한다.

    품격 있는 글을 쓰기 위해서는 생각을 많이 해야 한다. 몽테뉴는

『수상록』에서 '글을 잘 쓴다는 것은 잘 생각하는 것'이라 했다. 생각이 글쓰기의 기본이란 의미다. 책을 썼거나 혹은 짧은 글이라도 남에게 보이기 위한 글을 써 본 사람은 생각하기가 반드시 필요한 과정이라는 의미를 이해한다. 자신이 써야 할 주제나 제목이 정해지면 그 주제에 흠뻑 빠져 있어야 한다. 이런 시간이 길고 생각이 깊어질수록 좋은 글이 나올 확률이 높아진다. 물론 좋은 글을 쉽게 써내려 가는 사람도 있다. 그러나 그들은 평생 그런 내공을 쌓아온 사람이다. 다행히 이런 글쓰기 천재들은 그리 많지 않다. 글만 잘 쓰는 사람, 생각이 많은 사람은 많지만 생각도 있으면서 그것을 글로 표현할 수 있는 사람은 많지 않은 것이다.

독일의 철학자 쇼펜하우어는 '세 종류의 글쓰기'가 있다고 했다. '생각 없이 쓰는 글, 생각하면서 쓰는 글, 그리고 충분히 생각한 뒤 쓰는 글'이다. 좋은 글을 자세히 읽어보면 복잡한 생각을 설명하기 위해서 혹은 어떤 일을 생생하게 전달하기 위해 정확한 표현이나 단어를 찾아내면서 기울인 노력을 느낄 수 있다. 반대로 진지하게 고민하지 않거나 깊이 생각하지 않은 글도 여지 없이 구분된다. 하얀 공간에 내면의 생각을 옮길 때에는 치열한 고민의 흔적과 진정성이 배어 있어야 한다.

가뜩이나 글쓰기가 쉽지 않은데 품격 있는 글을 써야 한다고 생각하면 지레 겁이 난다. 그러나 누구에게나 글쓰기는 어렵다. 글을 쉽게 술술 써 내려가는 작가도 때론 일주일 동안 한 줄도 쓰지 못하는 때가 있다. 글이 잘 안써질 경우는 글에 욕심을 내기 때문이다. 더 잘 쓰려고 하고 멋을 부리려 할수록 글쓰기가 더 어려워진다. 그럴 때는 자기 최면이 필요하다. 그저 내 속에 있는 생각을 밖으로 꺼내는 일에 집중할 시간이다.

최재천 교수는 미국 유학 당시 영문학과의 로버트 위버 교수의 'Technical Writing'이란 과목을 수강했다. 그 교수에게 하버드로 옮겨가기 위해 추천서를 써달라고 하자 "이 친구는 정확성과 경제성과 우아함을 갖춘 글을 쓴다(He writes with precision, economy and grace)"고 써줬다고 한다. 최 교수는 그 추천서 덕에 하버드에 갈 수 있었다고 회고한다. 모국어도 아니고 외국어로 쓴 글이 최고의 글쓰기 선생님에게 이런 평을 받게 된 이유는 그의 치열한 글쓰기가 우아한 품격으로 묻어난 결과다. 신기한 것은 그런 최 교수의 글을 독자들은 쉽게 술술 읽게 된다는 것이다.

겉멋이 잔뜩 든 글은 읽어주기가 어렵다. 현학적이지 않아야 한다. 뻐기지 않는 글을 써야 한다. 독자가 읽을 때 이런 느낌을 주지 않도록 치열하게 생각하고 적합한 표현을 끄집어내야 한다. 그리고 독자가 읽었을 때 이해하기 쉬워야 한다.

또한 글에 품격이 있으려면 일관성이 있어야 한다. 작가의 입장이 비틀거리면 안 된다. 가령, 정보 전달 책으로 독자의 성장을 돕고자 했는데 후반부로 갈수록 감정적으로 흐른다면 독자는 술 취한 주정뱅이의 비틀거리는 걸음을 따라가는 느낌일 것이다. 초보작가일수록 글이 방향을 잃고 갈팡질팡할 때가 많다. 글이 삼천포로 빠지지 않도록 글을 쓰는 동안 계속 집중해서 방향성을 확인해야 한다.

지금은 AI가 책을 쓰는 시대다. ChatGPT에게 주제를 주고 책을 쓰라고 명령하면 꽤 그럴 듯한 글을 금방 뽑아 낸다. 그래서 책을 쓰는 작가는 앞으로 필요 없어질 것이라고 예상하는 사람들이 있다. 과거 TV가 발명되었을 때 영화가 사라질 것이라는 얘기가 있었다. 그러나 영화는 더욱 영화다워져 살아남았다. 오히려 TV와 차별화되는 장점을 가지며 더욱 발전해왔다. ChatGPT가 똑똑해질수록 책은 더 책다워질 것이다. 작가들만이 가지고 있는 삶의 희노애락을 흉내낼 수는 없기 때문이다. ChatGPT가 만들어내는 책보다는 나은 이야기를 뽑아내야 한다고 볼 수 있다. AI가 흉내낼 수 없는 품격 있는 글을 써야 한다는 의미다. 자신이 써 내려가는 텍스트에 책임감을 가져야 한다. 당신의 글이 누군가의 인생을 바꿀 수도 있기 때문이다.

5
자신만의 개성을 담아내자

책을 쓰고 싶어하는 사람들이 공통적으로 하는 말이 있다. "내 인생을 풀어 쓰면 아마 책 열 권은 될 거예요"라는 말이다. 아무리 겉으로 멀쩡하고 편안해 보이는 사람도 자기만의 아픔과 고통이 있다. 객관적으로 봐도 남보다 파란만장한 인생을 살아온 사람도 있다. 그러나 자신의 한풀이가 콘텐츠로 연결되는 것은 아니다. 글에는 자신만의 개성이 묻어나야 한다. 글을 쓰려면 세상을 다르게 보는 고유의 시선과 통찰력이 필요하다. 누구나 표현해낼 수 있는 방식이 아니라 나만의 특별한 시선으로 세상을 보고 그 특별하고 독특한 시선을 글에 녹여내야 한다.

마르셀 프루스트는 '참된 발견은 새로운 땅을 발견하는 것이 아니라 새로운 눈으로 보는 것'이란 말을 남겼다. 미지의 세계를 항해할 때 참된 발견은 새로운 풍경을 보는 것이 아니라 새로운 눈을 갖는 것이라는 의미다. 책을 쓰기 위해 항상 새로운 환경과 경험이 필요한 것은 아니다. 이미 일어나고 있는 일상 가운데서 새로운 생각과 눈을 갖는 것이 중요하다. 나만의 눈으로 세상을 바라보는 힘이 생기면 자연스레 남의 눈으로 세상을 보는 연습이 된다. 세상을 바라보는 나만의 개성과 객관성을 두루 갖춘 균형감이 생긴다는 것이다.

많은 경험이 있으면 책을 쓰는데 도움이 되는 것은 사실이지만 그렇다고 필수 요건은 아니다. 오히려 자신의 상황에서 벗어나 객관적인 눈으로 냉정하게 세상을 바라보고 그것을 자신의 개성으로 소화해야 한다. 그래야 독자도 나와 내가 쓴 글을 궁금해한다. 독일 북동쪽 국경도시인 쾨니히스베르크에서 고리타분한 독신의 삶을 살며 평생 자신이 살던 도시 밖으로 나오지 않았던 칸트는 2천 년 서양 철학사를 뒤엎는 혁명적 아이디어를 구성했다. 『오만과 편견』을 쓴 제인 오스틴은 정규 교육은 11세까지만 받았고 집 밖으로 좀처럼 나오지 않았어도 문학사에 획을 긋는 작품을 남겼다. 책을 쓰는데 필요한 것은 세상을 바라보는 통찰력과 자신만의 개성으로 표현해내는 능력이다.

요즘은 TV 채널마다 각종 오디션 프로그램이 범람한다. 빛을 보지 못하고 힘들게 살아가던 예술인들이 이런 프로그램으로 세상의 빛을 보고 오랜 무명의 터널을 탈출하는 모습에는 감동이 있다. 그러나 이런 오디션 프로그램에서 다음 단계로 넘어가 심사위원과 대중의 사랑을 받는 사람은 초반에 눈길을 사로잡고, 갈수록 양파처럼 개성과 매력이 발견되는 사람이다. 노래만 잘 한다고 되는 것이 아니다. 처음에 개성이 드러나지 않으면 대중은 끝까지 인내하며 봐주지 않는다. 책을 쓰는 순간 이런 오디션 무대에 오르는 것과 마찬가지다. 좋은 글에는 '다르다'는 특징이 있다. 같은 내용을 쓰더라도 관점과 표현이 다르다. 특히 독자가 생각하지 못했던 독특한 관점이 담겨 있는 글에는 눈길을 준다.

작가만의 개성은 그 작가가 표현해내는 글로 표현된다. 나는 내가 도저히 생각해내지 못한 표현을 기가 막히게 구사하는 글을 읽으면 공부도 되지만 한편으로는 열등감도 느껴진다.

엘리자베스 스타우트는 경제적으로 빈궁했던 자신의 심정을 이렇게 표현했다.

돈은 넉넉한 적이 없었고 늘 스타킹의 올이 풀린 기분이었다.

스타킹을 신어본 적이 없는 나로서는 생각해내기 어려운 문장이지만 독자의 입장에서는 작가의 심정을 이해할 수 있다. 조안나 작가는 『월요일의 문장들』에서 '생리통으로 온몸의 수분이 빠져나가는 고통에 시달릴 때도 어쩔 수 없이 출근했던 날의 기억도 함께 떠오른다. 밥벌이는 생각 가능한 고통과 생각지도 못한 즐거움을 동시에 주었다'라는 표현으로 힘들게 이어갔던 직장생활을 표현한다. 또한 김대중 전 대통령은 1998년 10월 일본 국회 연설에서 "기적은 기적적으로 이루어지지 않는다"라며 한국의 민주주의가 우연히 주어진 것이 아니라 피와 땀의 결과였음을 함축하며 표현했다. 인공지능 챗봇이 수려하게 늘어놓는, 그러나 참신함은 없는 글이 아니라 작가의 개성과 통찰력이 들어 있는 글을 생산해 낼 수 있어야 한다. 그러기 위해서는 글을 쓸 때 치열하고 품격 있게 고민해야 한다. 그런 고민 가운데 글을 써 나가다 보면 자신만의 글쓰기 습관과 방법이 만들어진다. 자신만의 글 스타일이 생기고 나만의 문체가 만들어진다.

글을 잘 쓰는 '10가지' 비결

고전을 쉽고 재미있게 풀어 쓰는 정민 교수는 고전 특유의 예스런 맛과 현대적인 감각이 공존하는 문체가 트레이드마크다. 그가 풀어놓는 글은 오래 전 글 속에서 뽑아낸 이야기들인데 고리타분하지 않고 신선하다. 자신만의 확실한 개성이 있는 것이다.

어차피 세상은 저마다 다른 생각과 관점을 가진 사람이 섞여 살아가는 곳이다. 한권의 책을 쓴다는 것은 일상 속에 녹아 있는 글감을 원재료로 삼아 자신의 경험과 생각을 차별화한 콘텐츠로 만들어 독자에게 전달하는 것이다. 평범한 일상을 자신만의 관점과 개성으로 재창조해내는 것이 책을 쓰는 것이다. 프레드 화이트도 『글쓰기의 모든 것』에서 세상을 다르게 보는 작가의 관점에 대해 이렇게 강조했다.

작가는 평범한 것 안에서 특별한 것을 찾아내는 습관을 키워야 한다. 때로는 시선을 조금만 달리해도 주변 세상이 색다르게 보일지도 모른다. 그러므로 항상 세상을 새로운 관점에서 바라보려고 노력해야 한다.

이 책에서는 재창조란 과거에 존재하지 않았거나 생각하지 못했던 것을 찾아낸다는 의미가 아니라 나 자신도 생각하지 못했거나 상상하지 못한 것을 찾아낸다는 의미로 정의한다. 작가의 창조력이란 이미 알려져 있는 방법을 좇는 것이 아니라 자신만의 방법으로 재료를 이용해 뭔가를 만들어내는 능력이다. 본격적으로 글을 쓰다 보면 자신만의 특징이 형성된다. 정작 본인은 모를 수도 있기 때문에 다양한 방법으로 자신이 생산해내는 글을 다른 사람이 읽도록 하고 정기적인 피드백을 받아보는 것이 좋다. 작가가 자신만의 특유한 개성이 있음을 알고 자신만의 문체와 목소리를 깨닫게 되면 더욱 편안한 마음으로 하고 싶은 말, 쓰고 싶은 문장을 더 많이 찾아낼 수 있다. 내가 쓴 에세이를 읽은 독자들은 한결같이 옆에서 말하고 있는 것 같다고 말한다. 그래서 나는 에세이를 쓸 때 전보다 더욱 옆에 있는 사람에게 조곤조곤 들려주듯이 쓰게 된다.

학창 시절 조회시간에 교장선생님의 훈화는 고문시간과도 같았다. 이유는 길고, 뻔하고, 재미없기 때문이었다. 제대로 강당도 없어 월례 조회 시간이면 땡볕이 내리쬐는 운동장에서 전교생이 줄을 맞춰 훈화를 듣곤 했다. 그러다가 몇 명이 쓰러져 나가도 교장선생님은 아랑곳하지 않으시고 자신이 준비한 말을 기어코 다 끝냈다. 그런데 아들의 고등학교 입학식에서 깜짝 놀랐다. 조는 사람이 없는 것은 입학식이니 그렇다고 쳐도 교장선생님의 말씀 한마디 한마디에 아이들이 모두 경청하며 반응하는 것이었다. 함께 집중해서 듣던 나는 그 이유를 바로 알게 되었다. 가장 훌륭한 주례와 설교는 짧은 것이라는 말이 있듯이 일단 교장선생님의 시간은 짧았다. 그리고 자신이 짧게 말을 할 것이라는 사실을 미리 알려줬다. 그리고 뻔하지 않은 이야기를 풀어 놓았다. 실제 자녀와의 에피소드로 자신도 학부형임을 강조했다. 이야기가 참 재미있었다. 아마 몇 번이고 스피치 연습을 한 것 같았다. 자신만의 개성을 듬뿍 담아내고 길고, 뻔하고, 재미없는 훈화를 짧고, 독특하고, 재미있게 풀어가시는 교장선생님을 보고 자신만의 개성으로 무장한 매우 훌륭한 스토리텔러라는 생각이 들었다. 요즘 아이돌 그룹을 보면 모두 예쁘고 잘 생겼지만 누가 누군지 몇 번을 봐도 도무지 구분이 잘 안 간다. 외모도 스타일도 모두 비슷하기 때문이다. 그러나 그 중에 독특한 개성이 있는 친구는 다음에 봐도 기억이 난다. 많은 아이돌 그룹이 있지만 BTS나 블랙핑크, 에스파가 세계적인 인기를 끄는 이유도 구성원 각각이 가지고 있는 독특한 개성과 매력 때문이다. 각자의 이런 개성이 모여 그룹으로서 시너지를 발산한다. 당신이 쓰는 글에도 이런 개성이 있어야 독자의 기억에 남게 될 것이다.

7가지 색으로 알려진 무지개는 사실은 셀 수 없는 무한대 색깔로 구성되어 있다. 사람이 편의상 7가지 색이라고 구분한 것이다. 비슷해 보이지만 가만히 들여다보면 누구에게나 자신만의 개성이 있다. 평범하고 비슷한 사람이 모여 있어 거기서 거기처럼 보여도 개성을 뿜어내는 사람이 있다. 대입논술 채점을 하는 한 교수는 80퍼센트 가량의 글이 같거나 비슷하다고 한다. 그러나 그 중에서도 빛나는 글이 있다는 것이다. 그 글은 문장 자체가 다르다고 한다. 독특하고 신선하고 깔끔하게 잘 쓴 그 문장은 내용 역시 탁월하다고 평가한다. 비슷한 주장을 해도 서술하는 방식과 표현이 다르다. 이런 글을 쓴 학생은 천편일률적인 입시 위주의 교육 분위기에서도 자신만의 생각과 관점을 지니고 있다는 뜻이다. 논술시험 패턴에 맞게 준비를 한 학생이 상위권 점수를 맞지만 최고 점수는 이런 빛나는 글을 쓴 학생에게 돌아간다.

전쟁을 반대하고 반전 메시지를 전한 사람은 많다. 찰리 채플린도 전쟁을 반대하고 히틀러를 맹비난했던 사람이다. 그런 그가 자신의 개성을 살려 강력한 반전 메시지를 전한 적이 있다. '전쟁에는 전부 40대 이상만 참전하라'는 것이었다. 나이 먹은 사람이 자기들은 전쟁에 안 나가니까 쉽게 결정해서 애꿎게 젊은 사람들만 죽게 만든다는 것이다. 전쟁을 결정한 나이 먹은 사람이 전쟁에 나가서 살든지 죽든지 하라는 의미다. 이런 개성 있는 메시지가 주는 힘은 수백, 수천 권의 책보다 강하다.

책을 쓰기 쉬워진 시대다. 마음만 먹으면 누구나 창작할 수 있는 환경이 만들어져 있다. 그만큼 자신만의 개성과 스타일을 구축하지 못하면 힘들게 쓴 책이 영원히 독방에 갇혀 빛을 보지 못하는 운명을 피할 수 없게 된다.

6
참고자료를 잘 활용하자

글을 쓸 때 근원이 되는 것은 자신의 생각과 경험이다. 그리고 평소에 이런 것을 여기저기에 기록해 놓은 메모이다. 처음부터 자신의 생각과 경험만으로 책 한권 분량을 채워 넣을 수 있는 사람은 많지 않다. 한권의 책을 구성할 정도의 글을 쓰기 위해서는 많은 자료를 참고해야 한다. 책을 쓸 때 가장 중요한 참고자료는 비슷한 주제의 다른 책이다. 나도 이 책을 쓰기 위해 수십 권의 책을 참조했다.

책쓰기 강좌를 진행하는 어떤 작가는 책을 쓸 때 다른 사람의 책을 아예 쳐다보지도 말라는 내용으로 강의하기도 한다. 자신만의 글을 쓰라는 의도이지만 그것은 매우 비현실적이고 비합리적인 주장이다. 심지어 그 사람의 책에도 여기저기서 다른 사람의 지식을 빌어온 것이 눈에 많이 띄었다. 다른 사람이 먼저 쓴 내용을 참조하면 자신의 생각이 더 확장되고 내용이 풍성해짐을 경험할 수 있다. 간접 경험의 힘을 무시하면 곤란하다.

문화심리학자 김정운 교수는 그의 책 『에디톨로지』에서 '세상의 모든 창조는 이미 존재하는 것들의 또 다른 편집'이라고 말했다. 레

오나르도 다빈치처럼 자료를 모으고 자기방식으로 소화한 후 자기의 생각을 덧대는 것을 창조성의 출발이라 설명한다. 여러 사람의 지혜를 활용하는 것이다. 책을 쓰는 작업도 이와 비슷하다.

책을 쓸 때 참고할 수 있는 참고자료는 다른 책, 신문, 뉴스, 논문, 보고서, 잡지, 블로그, 다큐멘터리, 유튜브 등 다양하다. 자료 수집 능력이 현대를 살아가는 직장인의 필수적인 덕목이긴 하지만 책을 쓸 때는 더욱 중요하다. 특히 앞에서 언급했듯이, 평소에 책을 비롯한 자료를 모아 놓았거나 메모해 놓은 내용을 잘 정리해 놓았다면 자료를 찾는 일이 훨씬 수월하다. 자료를 잔뜩 모아 놓았으나 정리가 안돼 어떤 자료가 있는지도 몰라 책이 나온 뒤에야 '이 자료도 참고했어야 하는데'라는 후회를 하기도 한다. 책을 쓰면서 모아 놓은 자료를 참조해 보면 향후에도 자료를 모으는 일에 좀 더 정성을 들이게 되고 다음 책을 쓸 때 훨씬 수월해지는 선순환을 경험할 수 있다.

기존에 모아 놓은 자료를 참조할 때도 있지만 그것으로 부족해서 추가 자료를 수집해야 하는 경우가 많다. 이때 조심해야 하는 것이 있다. 마음이 급해서 자료를 빠르게 수집하려고 성급하게 덤비거나, 너무 많은 재료를 모아서 어떤 것이 정작 필요한지 정리가 안 되는 것은 피해야 한다. 또한 구글이나 유튜브 등으로 자료를 수집하다 보면 다른 하이퍼링크나 알고리즘에 의한 다른 영상들이 눈에 들어와 옆길로 빠지기 쉽다. 자료를 찾으면서 자료 찾는 목적이 무엇인지, 어떤 내용의 자료를 원하는지 명심하고 있어야 한다. 그리고 찾은 자료를 애초의 목적에 맞게 정리를 잘 해야 한다.

자료를 활용할 때 특히 머릿속에 담아 둬야 하는 두 단어가 있다.

'표절'과 '인용'이다. 최고의 인기를 누리는 작곡가나 가수가 표절시비에 휘말려 사회적 이슈가 되는 경우를 자주 본다. 표절은 남의 지식을 도둑질하는 것이고 법적으로 문제가 되는 것이지만 인용은 남의 지식을 정당하게 활용하는 방법이다. 현실에서는 이 두 개념 사이가 모호한 경우가 많다.

출처를 표시하고 적절한 방식으로 다른 곳에서 자료를 가져오는 것을 인용이라 한다. 인용에는 직접 인용과 간접 인용이 있다. 직접 인용은 큰따옴표 등의 부호를 사용하고 출처를 밝히면서 다른 사람의 텍스트를 그대로 사용하는 것이고, 간접 인용은 다른 사람의 아이디어나 텍스트를 자신의 글쓰기 방식으로 바꿔 기술하면서 해당 부분에 출처를 밝히는 것을 의미한다. 두 가지 인용의 공통점은 모두 출처를 밝혀야 한다는 것이다.

출처를 표시한다고 모두 정당한 인용이 되는 것이 아니고 문제가 되는 경우도 있다. 가령 책에서 일부 내용을 인용할 때, 한권의 책에서 너무 많은 양을 가져왔거나, 많은 내용을 한꺼번에 가져오면 문제가 된다. 인용을 하더라도 다양한 곳에서 가져오고, 가져올 때도 양을 적게 하면 문제가 되지 않는다. 인용할 때는 원저자의 생각을 왜곡, 축소, 과장하지 않도록 조심해야 한다. 잘못하면 인용 절차상에는 문제가 없으나 해당 저자로부터 '내가 말하는 것은 그런 내용이 아니었다'는 항의를 들을 수도 있기 때문이다.

표절 여부는 문장 표현으로 판단한다. 사용한 문장 표현이 같을 때 표절이라 한다. 다른 자료를 참조할 때 내용과 아이디어를 가져와서 자신의 문장 표현으로 바꾸면 문제가 없다. 책을 쓸 때 다른 책을 참조하는 것은 필수적이다. 특히 자신이 쓰는 주제와 비슷한 책을 참조하면서 나보다 먼저 쓴 선배작가들을 선생님이라 여기고 생각과 구성, 글의 표현 방법을 배워 자신의 방식으로 표현해내는 과정이 필요하다. 그러나 남의 책 내용을 그대로 복사해서 붙이고 출처를 표시하지 않으면 표절이 된다. 흔히 대학 논문 기준으로는 한 문장 안에 여섯 단어가 일치하면 표절이라 판단하는데 조금 타이트해도 이를 준용하는 것이 안전하다. 최근에는 이 표절 이슈 전문 변호사도 생겼다.

 과거에는 출처 표시만 해도 괜찮았는데 지금은 원작자에게 일일이 동의를 구해야 할 때도 있다. 이것은 작가가 직접 하기 어렵고 필요시 출판사에서 진행해주기도 한다. 그림의 경우는 출처 표시를 하더라도 저작권 문제가 있어 건 별로 일일이 동의를 구해야 하므로 조금 더 까다롭다. 이 내용만 숙지하면 표절로 인한 문제는 생기지 않는다.

7
팩트 위주로 명확하게 쓰자

'이 사람은 90년대 최고의 인기가수입니다.'

이 문장을 보고 누가 떠오르는가? 아마 90년대를 풍미한 가수 수십 명은 떠오를 것이다. 그러나 '이 사람은 90년대에 15장의 앨범을 내고 천만 장이 넘는 앨범을 판매했으며 3대 방송사의 음악방송에서 모두 1위를 차지한 최고의 발라드 가수입니다'라고 하면 그 범위가 상당히 좁혀진다.

알베르 카뮈는 "명확하게 쓰면 독자가 모이고, 모호하게 쓰면 비평가들이 달라붙는다"고 했다. 글을 쓸 때는 팩트 위주로 명확하게 써야 한다. 글을 쓸 때는 '이 사람은 최고의 자동차 영업사원입니다'처럼 지극히 모호하고 주관적인 표현보다 '이 사람은 작년 한 해 630대의 자동차를 판매한 판매왕입니다'라고 써야 고개가 끄덕여지는 것이다.

이전 직장에서 함께 근무했던 한 선배는 말할 때마다 최상급을 많이 쓴다. 영화를 보고 오면 '내가 본 영화 중에 최고의 영화였어'라고 한다. 내가 들은 것만 해도 그에게 최고의 영화는 수십 편이 넘는다. 재미있는 스포츠 경기를 보면 '내 인생 최고의 경기를 본 것 같아'라고 한다. 이제는 그가 '당신은 진짜 최고야'라고 해도 곧이 듣는 사람은 거의 없다. '그 사람은 내가 아는 최고의 헤드헌터'라고 쓰지 말자. 왜 최고의 헤드헌터인지 객관적인 사실을 말하자. 아니면 '저 사람은 자신과 관련된 사람은 무조건 최고라고 하는구나'라고 생각한다. 아무리 수식어를 남발해도 정확한 팩트가 아니어서 진정성이 느껴지지 않는 글은 사람들이 읽어주지 않는다. 좋은 글은 팩트 중심으로 써야 한다. 모호하게 쓰는 습관을 배격해야 한다. 미사여구를 남발하는 습관도 버려야 한다

흔히 '나는 글을 잘 못써요'라고 하는 사람은 문학적인 글을 의미할 때가 많다. 그러나 우리가 접하는 글들은 비문학이 훨씬 많다. 이 책을 읽는 당신이 쓰고 싶어하는 글은 시나 소설 같은 문학보다는 자기계발서나 실용서 같은 비문학 장르일 가능성이 높다. 당신이 써내려 갈 실용적인 글도 문학만큼 중요한 글이다. 이런 글을 잘 쓰려면 전달하고자 하는 정보와 사실을 논리적으로 질서정연하게 배열해야 한다. 그런 글이 뛰어난 글이다. 직장인은 이런 글에 오히려 강하다. 자신이 속한 조직에서 늘 이런 방식으로 일을 하고 있기 때문이다.

글은 또 투명해야 한다. 바닥에 있는 것들이 잘 보일 정도로 맑은 시냇물 같은 글이어야 한다. 혼탁한 진흙탕물처럼 물속이 전혀 보이지 않는 글은 읽기 힘들다. 독자가 원하는 글은 속이 훤히 들여다보이는 투명한 창문 같은 글이지, 안이 보이지 않는 두껍고 단단한 철

문 같은 글이 아니라는 의미다.

팩트 위주의 글을 쓰려면 기본 상식이 있어야 한다. 잘못된 상식을 주장하는 것은 자신의 낮은 지식 수준을 만방에 알리는 격이다.

실제로 어떤 탤런트가 TV에 나와서 손자병법에 '지피지기면 백전백승'이라는 말이 나와 있다고 말하는 것을 본 적이 있다. 또 '지피지기면 백전불패'라고 말하는 사람도 있다. 손자병법에 나와 있는 말은 '지피지기知彼知己면 백전불태百戰不殆'란 의미로 뜻이 완전히 다르다. 백 번 싸워 백 번 이기는 것이나 지지 않은 것이 아니라 백 번 싸워도 위태롭지 않다는 뜻이다. 손자는 싸워 이기는 것이 최선이 아니라 싸우지 않고 이기는 것이 진정한 승리라는 것을 가르치고 있다. 유식해 보이고 싶었던 그 탤런트의 작전은 완전 실패였다.

또 하나의 예를 들어보겠다.

'알아야 면장을 한다'는 말이 있다. 이 표현에 나오는 면장은 읍·면·동 등 행정 단위에 나오는 면장인 줄 아는 사람이 많다. 면장이 낮은 직책은 아니지만 시골 구석에서 면장이라도 하려면 뭘 좀 알아야 한다는 의미라 생각하는 것이다. 그러나 이 말은 논어에 나오는 말로, '장'은 직위를 뜻하는 것이 아니라 담장을 뜻하는 것이다. '알아야 면장을 한다'는 말은 어떤 일을 하려면 그에 관련된 학식이나 실력을 갖춰야 한다는 말이다. 논어의 '양화'편에 나오는 말인데 지금 마주 대하고 있는 답답한 담장을 벗어나라는 뜻으로 '지식을 넓혀 사람다운 행동을 하라'고 공자가 아들에게 충고해 준 말에서 유래했다고 한다. 흔히 쓰는 말도 다른 사람에게 읽히기 위한 글로 쓸 때는 혹시 잘못 사용하고 있는 것은 없는지 살피고 또 살펴야 한다. 마찬가지로 흔히 사용하는 희로애락喜怒哀樂의 애哀도 '사랑'이 아니라 '슬픔'인 것도 자주 실수하는 사례이다.

흔히 쓰는 말이라고 함부로 사용해서는 안 되는 표현도 있다. 어떤 식물학자는 "병상에 누워 있는 인간 보고 더 이상 '식물인간'이라 부르지 말아야 한다'고 했다. 식물이 얼마나 치열하게 자기 삶을 살아가고 있는데 기능이 정지된 것을 그렇게 부르면 곤란하다는 것이다. 한심하다는 말만 나오는 상태로 기능이 정지된 국회를 보고 '식물국회'라 부르는 것도 식물에 대한 모독이다.

아는 만큼 보이는 법이다. 쓰기 전에 먼저 올바르게 알아야 한다. 베르나르 베르베르는 무려 12년을 관찰하고 연구한 후에 소설 『개미』를 썼다. 알아야 구체적으로 생생하게 쓸 수 있다. 자신이 잘 모르면서 쓰거나 혹은 자신이 알고 있어도 거짓말로 쓰는 일은 작가 자신을 갉아먹는 일이다. 간혹 본인의 양심을 속이면서 사실과 다른 것을 쓰는 기자들이 있다. 당장의 이익을 위해 펜으로 여론을 조성하지만 후에 역사의 준엄한 심판을 받게 된다.

글을 잘 쓰는 '10가지' 비결

8
첫 문장과 마지막 문장에 공을 들이자

'엄마를 잃어버린 지 일주일 째다.'
오래 전 신경숙 작가의 『엄마를 부탁해』의 첫 장을 펼쳤을 때 만난 첫 문장이다. '엄마를 잃어버린 상황이구나' '도대체 엄마에게 무슨 일이 있었던 것일까' '과연 엄마의 이야기를 어떻게 풀어갈까' 등의 생각이 들어 오랜 시간 내 시선이 첫 문장에 머물렀고 한참 상상을 한 후에야 다음 문장으로 넘어갈 수 있었다. 신경숙 작가의 의도대로 나는 첫 문장에서 느낀 몰입감을 그대로 유지하며 책을 읽어 내려갔다.

소설가 김훈의 역작 『칼의 노래』는 '버려진 섬마다 꽃이 피었다'라는 첫 문장으로 시작한다. 그는 '꽃이 피었다'와 '꽃은 피었다' 두 문장 사이에서 이틀을 고민했다고 한다. '꽃이 피었다'는 꽃이 핀 사실을 객관적으로 담담하게 서술해 놓은 것이다. 그러나 '꽃은 피었다'라고 하면 사람의 주관적 정서가 포함되고 많은 이야기가 담겨 있는 것이 느껴진다. 조사 하나에 사실을 진술하는 문장인지, 의견이나 정서를 진술하는 문장인지가 결정된다. 그것은 책의 전체 논조에도 영향을 미쳤다. 그는 『글쓰기의 최소 원칙』에서 자신이 첫 문장 때문에 고심했던 상황을 설명한다.

> 내가 쓰고자 원했던 문장은 '꽃이 피었다'였어요. 내가 이걸 만약 '꽃은 피었다'라고 썼으면 나는 망하는 것이에요. 완전히 수렁으로 빠져들어가는 것이죠. 이런 조사 하나하나를 짚어 넘어가자면 정말 힘든 문장이죠.

조사 '이'와 '은' 사이에서 이틀을 바친 뒤 '버려진 섬마다 꽃이 피었다'라는 한 줄을 겨우 완성했다. 감정을 배제한 이 건조한 문장은 장편소설 『칼의 노래』 전체 문체를 결정하는 기준이 되었다. 김훈은 첫 문장의 중요성 외에 한국어에서는 음절 하나가 얼마나 중요한지를 강조한다.

> 조사라는 것은 한 음절이잖아요. 은·는·이·가. 이 한 음절짜리 몇 개 안 되는 조사를 가지고 살림을 사는 것이에요. 우리 한글로 글을 쓴다는 것 혹은 한글을 읽는다는 것은 조사를 운용하는 것입니다.

글쓰기가 어렵다는 사람 중에 의외로 첫 문장을 시작하는 것이 가장 어렵다는 경우가 많다. 그런 상황에 첫 문장의 중요성을 강조하면 글쓰기에 대한 자신감은 더욱 하락한다. 그러나 이를 기술적으로 피해갈 방법은 많이 있다. 첫 문장, 혹은 서론 부분을 주제와 관련한 유명인이나 위인의 명언으로 시작하거나 다른 책에서 발췌해 시

글을 잘 쓰는 '10가지' 비결

작하면 글의 전개가 자연스럽고 매끄러워진다. 이야기를 풀어갈 실마리를 제공해주기 때문이다. 따옴표와 함께 화두를 던지고 저자의 생각을 풀어나가면 된다.

프레드 화이트도 "도입부에 대한 부담을 버려라"면서 "일단 쓰라"고 강조한다. 본문을 다 쓰고 다시 첫 문장을 고쳐 써도 된다. 나도 첫 문장이 여의치 않으면 일단 본문 내용을 다 쓴 뒤 나중에 첫 문장을 다듬곤 한다. 어차피 작가 마음대로 아닌가. 그러니 굳이 멋있는 문장을 찾기 위해 머리를 싸맬 필요 없이 자신의 생각과 지식, 경험을 잘 전달하면 된다. 게다가 보고서나 논문 경향이 강한 영어에 비해 한글은 문학적인 느낌이 강해서 다행이라는 생각이 든다. 본문 내용을 멋있게 쓰고 나서 그에 맞는 첫 문장을 써도 되는 것이다.

나의 경우는 첫 문장에 대한 스트레스보다 마지막 문장에 대한 부담이 더 컸다. 멋지게 써 놓은 본문을 잘 정리하는 문장을 쓰고 싶은데 다 써놓고 보면 끝맺음인지 아닌지 헷갈릴 정도로 모호하거나 앞에서 쓴 내용을 잘 정리해주는 것 같지 않아 마음에 들지 않을 때가 있다. 다른 책을 읽다가도 '마무리가 왜 이래?'라는 생각이 드는 경우도 있다. 에세이나 소설은 조금 두루뭉실하게 끝내면서 다음 내용은 독자의 상상에 맡기는 것이 가능하지만 실용서나 자기계발서는 명확한 메시지로 마지막을 장식해야 한다. 사실 본문이 알차다면 끝맺음은 평범해도 상관 없긴 하지만 마지막 문장에서 지금 읽은 내용을 한마디로 정리해줄 수 있다면 금상첨화다. 그래서 아예 챕터나 꼭지마다 해당 내용을 요약해주는 코너를 넣는 방법도 많이 사용한다.

9
퇴고가 더 중요하다

"모든 초고는 걸레다."

이 충격적인 말을 한 사람은 어니스트 헤밍웨이다. 너무 센 말이라 헤밍웨이 정도 되어야 이런 말을 할 수 있지 않을까 하는 생각이 들었다. 그러나 그의 일화를 알고 보면 이 말뜻을 이해할 수 있다. 그는 『노인과 바다』를 무려 400여 차례 고쳐 썼다. 『무기여 잘 있거라』는 퇴고만 39번 한 것으로 알려졌다. 프랑스 소설가 베르나르 베르베르도 『개미』를 쓸 때 12년의 세월 동안 100여 번의 수정을 거쳤다고 알려져 있고, 톨스토이는 『안나 카레니나』를 하도 많이 수정해서 초고의 형태가 어땠는지 알 수 없을 정도였다고 한다.

초고가 끝나면 이제 발제가 끝난 수준이라 생각해야 한다. 완성된 초고가 앞에 놓여 있다면 이제 본격적으로 글쓰기를 시작한다고 생각하는 것이 좋다. 퇴고가 그만큼 중요하다는 의미다.

이문재 경희대학교 교수는 퇴고의 중요성에 대해 재미있는 표현을 들어 강조한다. 자신이 쓴 원고를 '원수가 보내온 편지'라 생각하라는 것이다. 눈에 불을 켜고 여러 차례 꼼꼼히 읽어보라는 의미다.

책을 쓰는 과정이 모두 치열하게 진행되지만 특히 퇴고는 자신과의 싸움이라 할 만하다. 책 한권 분량의 글을 쓰는 시간은 매우 오래 걸린다. 그래서 퇴고할 때 독자의 눈으로 읽어 내려가면 얼굴이 빨개질 정도로 고쳐야 할 것이 눈에 들어온다. 틀린 문장도 있고, 중복해서 쓴 내용도 있다. 마음에 안 드는 것 투성이다. 앞뒤가 안 맞는 문장도 있다. 그러나 그 과정에서 걸러내지 못하면 그대로 실제 독자의 눈에 들어가게 되고 그것으로 독자에게 당신이 평가된다.

맞춤법은 생각보다 큰 문제가 되지 않는다. 맞춤법이 엉망인 채로 책이 출간되면 망신이겠지만 원고지에 쓰거나 타자기로 쓴 후 출력해서 출판사에 보내는 것이 아니라면 글을 쓸 때 사용하는 MS 워드나 아래한글 등은 맞춤법이 틀린 경우에 빨간 밑줄로 표시해준다. 출판사에서도 편집 과정에서 검토를 한다. 맞춤법이 틀리거나 오타 등이 발견되면 출판사 입장에서도 망신이기 때문이다. 사실 나는 그래도 명색이 작가인데 출판사에 원고를 넘겨줄 때는 개인적으로 망신당하기 싫어서라도 최대한 맞춤법을 확인하고 있긴 하다.

초보작가는 일단 초고가 완성되면 몸이 달아서 빨리 책을 출간하고 싶어진다. 그런 상황에서 퇴고를 하면 고쳐야 할 내용이 눈에 잘 들어오지 않는다. 그래서 퇴고시에는 지인 찬스를 활용하라고 권하고 싶다. 자신의 글을 꼼꼼히 읽어주고 피드백을 해 줄 지인 몇 명을 선정해서 퇴고를 부탁하는 것이다. 그러면 자신이 생각지도 못했던 수정사항을 많이 찾아낼 수 있다.

퇴고를 하지 않는다는 작가도 있기는 하다. 집중해서 글을 쓸 때의 자신의 능력을 전폭적으로 믿는다는 자신감의 표현이다. 그러나 빚에 쪼들려 원고를 빨리 써서 보내야 했기에 제대로 퇴고를 할 시간이 없었던 도스토예프스키 같은 천재가 아닌 일반인은 퇴고를 할수록 분명히 글은 더 나아진다. 도스토예프스키도 만일 퇴고를 충분히 했다면 지금보다 더 좋은 작품을 남겼으리라는 생각이 든다.

    일단 초고가 완성되면 바로 퇴고를 하는 것보다 조금 시간이 지난 후에 하는 것이 좋다. 원고가 막 완성되면 아직 원고를 쓸 때의 흥분과 감정이 남아 있어 객관적으로 자신의 글을 보기 어렵기 때문이다. 스티븐 킹은 적어도 6주 정도의 시간에 작품을 묵히라고 하는데 내 경우에도 한달에서 세달 정도 시간이 흘러 초고를 읽다 보면 객관적인 시각이 생기고 수정해야 할 내용이 눈에 많이 보인다. 그러나 시간이 너무 많이 지난 후 퇴고를 하면 자신이 글을 쓸 때 가졌던 생각과 감정이 생각나지 않게 된다. 심지어 '내가 이런 말을 썼나?'라는 문장도 발견한다. 초고를 완성하면 일정 시간의 숙성 기간을 거치되 너무 늦지 않게 꺼내어 퇴고를 하는 것이 좋다. 또한 퇴고를 할 때에는 시간을 오래 끌지 말고 빨리 읽어 내려가는 것이 좋다. 그래야 앞부분의 내용과 표현을 기억하면서 전체 맥락을 잘 이해할 수 있기 때문이다.

    퇴고를 할 때는 빨간 펜을 든 선생님이 되어야 한다. 틀린 것을 찾는다는 의미가 아니라 뺄 것을 찾으라는 의미다. 오랜 시간 나와 작업했던 한 편집자는 일단 초고가 도착하면 10퍼센트는 줄이는 것으로 생각하고 작업을 시작한다고 한다. 눈에 넣어 아프지 않은 자식 없다고, 자신이 써내려 간 모든 문장은 살리고 싶고 삭제하기 아깝다. 그러나 자신보다 더 뛰어난 독자들의 마음에 들려면 과감하게 줄이고 삭제해야 한다. 이것은 초보작가가 넘어야 할 큰 산이기도 한다.

내가 가장 선호하는 퇴고 방법은 소리 내어 읽는 것이다. 이 방법은 거의 모든 글쓰기 책에도 나와 있고 책을 많이 쓴 글쟁이가 한결같이 강조하는 내용이다. 가장 효과적이라는 의미다.

자신의 귀에 들릴 정도로 읽다가 부드럽게 넘어가지 않거나 매끄럽지 않다면 그 문장은 수정해야 한다. 문제가 없는 글은 소리 내어 읽을 때 막힘이 없다. 편안하고 자연스러워 리듬감 있게 술술 읽힐 때까지 고쳐 써야 한다. 아무리 공들여 쓴 문장이라도 읽는 도중 덜컥거리면 과감하게 손을 대야 한다. 그래야 전달력이 좋아진다. 퇴고를 지인에게 부탁하는 것처럼 누군가에게 소리 내어 읽어달라고 부탁하는 것도 좋은 방법이다. 보통 작가는 배우자가 이 역할을 많이 담당한다. 나의 경우도 '아내가 소리 내어 읽다가 멈추는 곳'이 있으면 그 문장은 잘못된 것이라 수정을 한다.

어떤 방식으로든 꼼꼼한 퇴고는 꼭 필요하다. 요즘은 디지털 지문도 삭제해주는 시대이긴 하지만 책은 일단 한 번 출간되면 되돌릴 수가 없기 때문이다.

10
계속해서 스스로 동기를 부여하자

책 한권 분량의 글쓰기는 시간이 많이 소요되는 작업으로 제 시간에 끝마치기가 매우 힘든 일이다. 게다가 직장인이라면 중도에 글쓰기를 포기하게 만드는 일이 수도 없이 일어난다. '역시 난 책을 쓰는 일에는 소질이 없어'라고 포기하곤 한다. 별 볼일 없는 책이라도 한 권 낸 작가는 이런 과정을 이겨낸 사람이다. 때문에 작가에게는 글쓰기를 기한 내에 끝낼 수 있게 해주는 외적 동기와 내적 동기가 반드시 필요하다.

    글을 쓴다는 것은 회사에서 업무를 처리하는 것처럼 문제를 해결하는 과정이다. 계속 출몰하는 장애물들을 넘어가야 글을 쓸 수 있다. 이 해결 방법을 익히는 길은 훈련뿐이다. 꾸준한 훈련이 가능하려면 스스로 동기부여가 필요하다.

    내가 글을 쓰는 최고의 동기는 '재미'이다. 글을 쓰는 일이 그렇게 재미있을 수가 없다. 질서 없이 허공에 떠돌아다니는 생각이 멋진 글로 정리될 때, 그런 글이 예쁜 책으로 세상에 나올 때 느끼는 희열은 말로 표현하기 어렵다. 자신이 쓴 책을 받아든 사람은 마치 아이를 낳은 기분이라는 표현을 자주 쓴다. 이런 재미를 맛본 사람은 직장 생활이 어려워도 계속 글을 쓰게 된다. 글쓰기의 재미를 맛보는 것이 최우선이다. 글을 잘 쓰는 것은 그 다음 문제다.

심지어 글을 쓰다가 막히거나 피곤해서 아무 책이나 집어 들었는데 거기에서 막힌 생각을 뚫어주는 힌트를 발견하기도 하고 지인과 대화를 하다가 실마리를 얻어 글을 이어가는 경험도 자주 한다. 글을 써야만 느낄 수 있는 재미다.

'저 사람은 왜 저렇게 기를 쓰고 글을 쓰는 거지?'라고 생각만 하지 말고 스스로 글쓰기의 즐거움을 느껴보면 비로소 이해가 갈 것이다. 직접 해보면 풀밭에서 쇠막대기로 조그만 공을 냅다 쳐내곤 우루루 걸어가는 골프가 왜 그리 재미있는지 알게 되는 것처럼 말이다.

글쓰기는 재미있는 놀이다. 주의가 산만한 아이도 자기가 좋아하는 일을 할 때면 몇 시간이고 그대로 앉아서 놀이를 즐긴다. 집중력이 약해 30분을 앉아 있기 힘든 나도 글을 쓸 때면 몇 시간이 훌쩍 지나가곤 한다. 그러나 이렇게 되기까지는 책을 몇 권 쓰는 시간이 필요했다. 글쓰기가 그 어느 것보다 재미있다던 스티븐 킹의 이야기도 마찬가지 맥락이다.

> 나에게는 일하지 않는 것이야말로 진짜 중노동이다. 오히려 글을 쓸 때가 놀이터에서 노는 기분이다. 나는 쾌감 때문에 썼다. 글쓰기의 순수한 즐거움 때문에 썼다. 어떤 일이든 즐거워서 한다면 언제까지나 지칠 줄 모르고 할 수 있다.
>
> 스티븐 킹, 『유혹하는 글쓰기』, 김영사, 2002

글쓰기는 스스로 동기부여를 해가며 오랜 시간 인내가 필요한 과정이다. 몰아치기식으로는 글이 써지지 않는다. 글은 일상 중에 꾸준하게 써나가야 한다. 오랜 시간 꾹꾹 눌러 정성껏 글을 쓰는 사람은 각종 광물을 얻다가 마지막에는 다이아몬드를 캐내는 사람이지만, 글을 대충 빨리 써버리는 사람은 값비싼 광물자원 위에 덮인 흙만 주워담는 사람이다. 힘들게 상대편 골대까지 공을 몰고와서는 골키퍼에게 그냥 공을 넘겨주고 돌아서는 사람이다.

"1개월 안에 책을 쓸 수 있다"고 강조하는 책쓰기 과정도 있다. 그것은 이미 경험과 노하우를 갖추고 바로 글을 쓸 준비가 되어 있어야 가능하다. 그리고 아무리 잘 준비가 되어 있어도 한 달에 책 한권을 쓸 수 있는 직장인은 없다. 다른 일 다 멈추고 글만 써도 어렵다. 나도 보름 만에 책 한권의 원고를 끝낸 경우도 있지만 그것은 사례를 근거로 이야기를 풀어 쓴 우화집이었고, 출퇴근 시간이 길어 매일 글을 쓸 시간이 확보 되었기에 가능했던 일이다. 그렇게 쓰는 사람도 있겠지만 그런 사람은 몇 안 되는 전문가다. 평범한 직장인과는 결이 다르다.

글쓰기는 즐겁기도 하지만 감정을 컨트롤하는 데도 좋다. '화병'은 우리나라 사람에게만 있는 병이다. 좀처럼 자신의 감정을 표현하지 않고 속으로 끙끙 앓기 때문에 생기는 병이다. 그 결과 한국의 자살률은 전쟁 후에 외상증후군(PTSD)에 시달리는 미군의 자살률보다 높고 세계 최고 수준의 40대 암 발병률, 이혼률 수치로 나타난다. 하버드 대학에서는 자신의 이야기를 털어놓을 때 활성화하는 뇌 부위가 음식을 먹거나 돈이 생기는 즐거움을 느낄 때 활성화하는 영역과 일치한다는 연구결과를 내놓기도 했다. 자신의 속을 털어놓는 가장

글을 잘 쓰는 '10가지' 비결

좋은 방법이 글쓰기다. 살다 보면 마음 먹은대로 되지 않아 지치고 힘들 때가 분명 있다. 그 누구의 말도, 어떤 말도 위로가 되지 않는다. 그럴 때 글을 쓰면 신기하게도 마음이 차분해지고 감정이 정리되곤 한다. 가끔씩 마음이 허하고 멍할 때 뜬금 없이 내가 쓴 글을 펼쳐보면 마치 과거의 자신이 미래의 자신에게 편지를 쓴 것 같은 놀라운 느낌이 들기도 한다. 작가의 특권이다.

글을 쓰는 이유는 다른 사람을 위로하기도 하지만 가장 먼저 내 마음을 위로하기 위해서다. 자신이 글쓰기에서 위안을 얻을 수 있어야 다른 사람을 글로 위로할 수 있다. 글을 쓰는 동안 이런 마음을 계속 되새겨야 스스로 동기부여가 된다.

책을 쓰는 중요한 동기 중 하나는 미래를 준비한다는 것이다. 지금은 회사에서 열심히 일하고 있지만 회사에서 갑자기 나오게 되는 경우를 대비해 자신만의 전문지식을 정리해 놓는 것이다. 이 책을 근거로 전문성을 인정받아 재취업을 할 수도 있고, 필요시 대학이나 다른 회사에서 강의를 하게 될 수도 있다. 퇴직 후의 연착륙을 위한 대비책이 될 수도 있으니 지금 힘들어도 참고 글을 써 내려갈 이유는 충분하다.

불확실한 미래를 준비하는 것 외에 삶의 비전과 미션을 돌아보며 '자신의 지적 역량을 정리하여 그것이 필요한 사람을 도와 좀 더 가치 있는 세상을 만드는 데 일조한다'는 의미도 되새겨봄직하다. 세상에 선한 영향력을 끼치고 싶다는 생각에 가슴이 뛰면 저절로 동기부여가 된다. 이런 동기부여는 실행력에 영향을 미쳐 계속 글을 열심히 쓰게 만드는 원동력이 된다.

4부

쉽게 따라하는 책쓰기 '10단계' 프로세스

(1) 책을 출간하는 종류와 방법
(2) 책쓰기 10단계 프로세스 따라하기
인터뷰 - 직장인 작가

이제 본격적으로 책을 쓴 준비가 되었다면 어떻게 책이 출간되는지 알아야 한다. 출간 형태에 따라 원고 작성 방법도 바뀌기 때문이다. 이 책을 읽고 책을 쓰기로 결심한 사람들은 기본적으로 책을 쓰는 가장 일반적인 형태인 기획출판 방식으로 책을 쓰기를 권고하지만 사람마다 다양한 상황에 놓여 있으므로 자신에게 맞는 출판 방식을 살펴보는 것이 좋다.

1
책을 출간하는 종류와 방법

　책을 출간하는 방법은 크게 기획출판, 반기획출판, 자비출판, 독립출판이 있다. 기획출판은 한마디로 출판 비용을 출판사에서 모두 부담하는 것을 의미한다. 기획출판도 두 가지다. 첫째, 저자가 원고나 출간기획서 등을 출판사에 보내면 내부 검토를 거쳐 출간 여부를 결정하는 방식이다. 둘째, 출판사에서 저자를 발굴하거나 기존 베스트셀러 저자나 유명인, 해당 분야 전문가, 셀럽 등을 물색해 출간을 제안하는 방식이다. 최근에는 일반인들이 글을 쓰는 브런치, 블로그, 인스타그램, 링크드인 등의 SNS를 검색해서 저자를 물색하는 경우가 많다. 내 주위에도 브런치에 꾸준히 업무 관련 글을 올렸는데 출판사에서 연락이 와 책을 출간한 사람도 있다. 인스타그램 피드에 올리는 글을 유심히 관찰하고 출간 제안을 받은 경우도 적지 않다.

　최근에는 반기획출판도 많이 볼 수 있다. 출판시장이 갈수록 어려워져 출판사도 출간 비용을 감당하기 부담스러워지고 있다. 이름을 많이 들어본 중견출판사들도 마찬가지다. 그래서 출판사와 저자가 비용을 함께 부담하는 형태인 반기획출판도 흔히 볼 수 있다. 가령 출판사와 저자가 출간비용을 일정 비율씩 부담하고 대신 저자에게 일반 인세보다 많은 인세를 지급하는 것이다. 일반 기획 출판의 경우 인세는 6퍼센트에서 10퍼센트 정도인데 반기획출판의 경우는 저자에게 인세를 25퍼센트에서 30퍼센터까지 지급하니 책을 많이 판매할 자신이 있는 저자는 고려해봄직하다. 그러나 나는 여전히 비용을 출판사가 모두 부담하는 기획출판을 선호한다. 출판사가 모든 비용을 부담하고 책을 내고 싶다는 의미는 그만큼 본인이 가진 역량과 콘텐츠를 인정해준다는 의미이기 때문이다.

    자비출판을 하는 경우도 많아졌다. 아예 자비출판 서비스를 전문적으로 제공하는 출판사도 많이 생겨났다. 자비출판의 경우 1쇄는 보통 500권에서 2천 권 정도 찍게 되는데 출간 부수와 표지, 내지 디자인, 종이의 질, 삽화 포함 여부 등에 따라 3백만 원에서 2천만 원 정도 소요된다. 아무래도 비용에 대한 부담이 커 3백만원에서 5백만 원 정도가 가장 많다. 그러나 값이 쌀수록 책의 수준과 질은 떨어지게 마련이다. 심지어 최근에는 대안출판이라 하여 비용만 지불하면 원고가 없어도 작가의 블로그 글을 모아서 편집을 하거나 인터뷰만으로 책을 출간해주기도 한다. 그러나 직접 자기가 글을 쓴 것이 아니니 작가라고 부르기가 껄끄럽다. 유명 운동선수나 정치인, 연예인들이 이런 방식으로 책을 출간해도 비용을 출판사가 모두 부담하기도 한다. 기념으로 소장하거나 가족들에게만 나눠줄 것이 아니라면 자비출판은 권하고 싶지 않다. 자비출판으로 출간한 책은 아무래도 원고의 완성도가 낮고, 내용도 엉성할 확률이 높다. 무엇보다 시중에서 일반 독자에게 판매되지 않는다. 나도 자비출판으로 출간한 책을 여러 권 받았지만 한권도 읽어보지 않았다. 책을 내는 것 자체에 목적이 있지 않는 한, 자신의 얼굴이자 인생 명함이 될 수 있는 자신의 책을 이렇게 허접하게 낼 수는 없지 않은가.

독립출판은 일반적인 출판사의 책 제작 방식이 아니라 작가 개인이나 글쓰기 수업을 들은 소수 그룹 등이 직접 기획, 편집, 디자인, 마케팅까지 출판의 모든 과정을 작업하고 책을 출판하는 것을 말한다. 물론 비용은 본인이 모두 부담한다. 대신 수익도 본인이 모두 가져간다. 최근에는 크라우드 펀딩으로 책 제작비용을 조달하는 방식을 사용하기도 한다. 주류 출판 산업과는 차별화해 상업성보다는 책을 만드는 경험, 자신만의 독특한 콘셉트가 담긴 책을 제작하는 것이 주 목적이었지만 독립 출판물인 『언어의 온도』 『죽고 싶지만 떡볶이는 먹고 싶어』 등이 메가히트를 치면서 많은 작가가 이 방식으로 책을 출간하고 있다. 독립출판은 특히 저자의 꿈을 이루고 싶은 여러 명이 함께 쓰는 경우가 많다. 대표적인 독립출판 플랫폼인 부크크는 이런 방식으로 많은 작가를 탄생시켰고 지금은 출판 시장에서 영향력이 커졌다. 시간이 조금 걸리지만 출판을 모르는 사람도 부크크의 홈페이지에서 시키는 대로 따라하면 책을 쓸 수 있다.

과거에는 모두 종이책으로 출간되었지만 최근에는 전자책으로 출간되는 경우도 많다. 특히 엄청난 시장을 형성해가는 웹소설 분야가 대표적이다. 전자책으로 유명해진 웹소설을 소장용으로 삼기 위해 종이책으로 출간하는 경우도 많아졌다.

최근에는 POD 형태의 출간도 가능하다. POD는 Publish on Demand의 약자로 고객이 원하는 만큼 주문을 받아 책을 제작해 주는 서비스다. 미국의 아마존닷컴이 이 서비스를 가장 먼저 제공했는데 원고 작성부터 제본까지 모든 출판 과정이 온라인으로 진행되므로 출판 비용을 획기적으로 줄일 수 있다. 무엇보다 주문된 만큼만 제작하기 때문에 책이 팔리지 않을 경우에 부담해야 하는 재고 비용을 염려하지 않아도 된다. 논문, 보고서 등 소량 다품종의 인쇄물에 많이 사용되었는데 최근에는 자신의 책을 가지고 싶어하는 개인도 많이 사용하고 있어 미래의 출판 산업에 큰 영향을 미칠 것으로 예상된다.

국내에서 POD 서비스를 가장 활발하게 제공하는 곳은 교보문고다. 원고를 PDF 파일로 저장한 후 주문이 들어오면 바로 제작해서 배송한다. PDF로 원고를 작성하는 방법도 친절하게 알려준다. 주문과 동시에 제작에 들어가기 때문에 독자가 받아보기까지는 3일에서 5일 정도가 소요되어 하루 만에 책을 받아볼 수 있는 기존 온라인 서점보다는 오래 걸리지만 교보문고에서 제작 비용을 모두 부담하므로 작가에게는 매력 있는 방식이다. 따로 사업성이나 상품성 등을 검토하지는 않고 단지 이미지, 내용, 폰트 등의 저작권 문제만 없으면 출간을 진행하는데 이미 이 방식으로 수십 권의 책을 출간한 작가도 있다. 그러나 POD로 출간한 책은 매대 등의 오프라인 진열마케팅이나 홍보가 어렵고, 작가의 개인 인맥이나 SNS 홍보로 판매해야 하는 단점이 있다. 기존 출판사가 출판 비용을 줄이기 위해서, 혹은 원고를 검토했지만 상업적인 성공에 확신이 없을 경우도 이 방식을 많이 이용하기도 한다. POD의 경우 보통 작가에게는 약 20% 정도의 인세를 지급한다. 교보문고 POD 서비스를 이용하면 ISBN 번호 등록과 출간 시 국립중앙도서관에 보내야하는 납본도 무료도 대행해준다.

* ISBN (International Standard Book Number) : 전세계에서 간행되는 각종 도서에 고유번호를 발급해 문헌정보기록과 서지 유통의 효율화를 위해 부여하는 13자리의 번호로 도서의 주민등록번호같은 역할을 한다. 국립중앙도서관에서 운영하는 서지정보유통지원시스템에서 발급되는데 출판사가 직접 등록해야 한다.

2
책쓰기 10단계 따라하기

책을 읽는 사람보다 쓰는 사람이 더 많다는 이야기가 나올 정도로 많은 책이 쏟아져 나오고 있다. 너무 많은 책이 나온다고 부정적인 눈으로 보기보다 이런 분위기를 타서 자신도 멋진 책을 한권 써보는 것이 좋다. 많은 사람이 책을 쓰는 시대에 책을 쓰지 않으면 오히려 본인이 뒤처지는 것이다. 자신의 이름으로 쓴 책이 일반 서점에 유명한 책과 함께 나란히 진열되어 있는 상상을 해보라. 가슴이 뛰지 않는가. 자신을 부르는 호칭이 과장, 차장, 부장 외에 작가, 저자 등이 추가된다. 멀쩡한 직장에 다니면서 자신의 이름으로 쓴 책을 손에 들고 있으면 이전과는 세상이 다르게 보일 것이다.

    책을 쓰는 일은 길고 긴 여정이다. 세부적인 프로세스를 하나하나 거쳐야 하는 장기 프로젝트다. 그래서 직장인에게 유리하다. 직장인들은 프로세스를 따라하는 프로젝트성 일에 익숙하기 때문이다. 일반적인 제조 과정에서 제품이 기획되고 생산된 후 판매되는 과정과 책이 만들어지고 출간되는 과정은 비슷하게 이루어진다.

쉽게 따라하는 책쓰기 '10단계' 프로세스

단계	일반상품	책
상품기획	시장조사를 통해 판매할 제품을 기획한다	책의 컨셉과 주제를 결정한다
연구개발	기능, 성능, 디자인 등을 연구하고 설계한다	책의 뼈대를 설계한다(목차/출간기획서)
재료·부품 확보	재료·부품 등을 확보한다	소재, 글 재료, 참고자료 등을 확보한다
생산	설계된 제품을 생산한다	글을 쓴다
검수	생산된 제품의 품질과 기능을 검수한다	퇴고하고 표지, 내지 디자인 시안을 결정한다
출하	제품을 출시한다	출간한다
판매	마케팅 활동을 통해 고객에게 제품을 판매한다	판매를 위한 홍보/마케팅 활동을 한다

여행을 떠나려면 여권 확인부터 항공권, 숙소, 방문 장소, 동선, 식사 등을 미리 계획하고 준비해야 한다. 책을 쓰는 긴 여정도 계획이 필요하다. 글쓰기 클리닉에서처럼 숙제하듯이 기간을 정해 놓고 하면 어떻게든 끌어 가긴 하겠지만 오히려 책의 퀄리티에 문제가 생길 수 있다. 특히 직장인은 예상 못한 일들이 발생할 가능성이 많아 일정에 차질이 생기면 중도에 포기할 수도 있다. 산티아고길이나 시코쿠길 혹은 제주 둘레길 등을 걸을 때 혼자 걷는 초행길도 길을 잃지 않고 목적지까지 갈 수 있다. 잊을 만하면 나타나는 이정표 때문이다. 책을 쓰기 전에 이정표를 미리 만들어 놓아야 한다. 길을 잃지

않기 위해서다. 지쳐서 중도에 그만두지 않기 위해서다. 방향과 목표가 명확하면 조금 시간이 더디 걸려도 목적지에 다다를 수 있다.

이번 장에서는 책을 쓰고 싶으나 어떻게 시작하고 진행해야 하는지 막막한 사람들을 위해 프로세스로 정리해 놓았다. 이 단계를 하나하나 밟아나가길 추천한다. 계획은 수시로 변경되더라도 전체 기간은 정해놓아야 흐지부지 끝나지 않는다. 전체 기간은 대략 6개월에서 1년 걸린다고 예상하면 된다. 나는 2년 이상 걸린 적도 여러 번 있었다. 이 중 가장 많은 시간이 소요되는 구간은 '원고 작성' 시간인데 전체 과정의 절반 이상을 차지한다고 보면 된다.

책을 쓰는 과정은 책쓰기 관련 책이나 책쓰기 강좌마다 조금씩 다르기는 하지만 다음은 내가 직접 경험해서 가장 현실적이고 효율적인 방법을 찾아 정리한 책쓰기 10단계 프로세스다.

1단계 : 주제 정하기

책을 쓰려고 결심했을 때 가장 먼저 해야 할 일은 주제를 정하기다. 내가 가지고 있는 것을 고려해서 어떤 주제로 쓸 것인지를 결정한다. 책을 처음 쓰는 사람들은 자신이 생각한 주제가 책으로 쓰기에 적합한지, 자신이 가진 것들 중에 어떤 것을 책으로 쓸지 고민하는 경우가 많다. 나는 책쓰기 코칭을 할 때 이 단계에 많은 시간을 할애한다. 한참 책을 쓰다가 주제가 바뀌게 되면 난감하기 때문이다. 좋은 주제를 선정하면 책을 쓰는 과정은 한결 수월해진다.

책의 주제를 결정하려면 가장 먼저 자신에게 다음과 같은 질문을 던져봐야 한다.

- 왜 책을 쓰고 싶어하는가
- 지금 쓰는 책이 자신의 인생에 어떤 의미가 있는가
- 자신이 가진 무엇이 책이 될 수 있는가
- 어떤 내용을 쓰고 싶은가
- 왜 자신이 그 내용을 써야 하는가
- 어떤 사람들에게 읽혔으면 하는가

이런 질문에 답을 생각해 보면 주제가 정리될 수 있다.

글을 쓰는 훈련 방법도 다양하지만 머릿속에 쌓여 있는 생각을 의미 있는 주제로 끄집어내는 방법도 많이 있다. 그 중 나는 '생각정리키워드법'을 많이 사용한다. 자신을 잘 나타낼 수 있고 자신과 관련이 있다고 생각하는 키워드를 50개 정도 무작위로 작성한 후 이 키워드를 관련된 영역으로 묶는다. 그러면 본인이 책을 쓸 수 있는 몇 가지 주제가 보이기 시작한다.

이처럼 현재 자신이 가진 전문성, 자신을 만들어 온 배경과 환경, 자신의 꿈, 자신이 중요하다고 생각하는 것, 좋아하는 것 등을 나타낼 수 있는 키워드를 뽑아내고 그것을 업무, 가정, 취미나 사회생활 등으로 구분하는 동시에 과거, 현재, 미래에 맞게 배치해본다.

	과거	현재	미래
업무			
가정			
취미나 사회생활			

이렇게 정리가 되면 자신이 과거, 현재, 미래 중 언제 일어난 일, 혹은 일어날 일에 관심이 있는지, 또한 직장에서의 업무, 가정생활, 취미나 사회생활 등 어느 곳에 관심이 있는지 한눈에 알 수 있다. 이렇게 구분한 후 가장 유력한 몇 가지를 현재 상황을 고려해 쓸 수 있는 주제와 쓸 수 없는 주제로 나누어본다. 본인이 가장 관심이 있고 흥미가 있어도 당장 쓸 수 없는 주제일 수도 있기 때문이다. 그러면서 쓸 책의 주제를 좁혀간다. 이렇게 정리를 하다 보면 어떤 주제로 글을 쓸 수 있을지 생각이 모아지거나 최소한 주제를 선정할 수 있는 근거를 제공한다.

주제를 선정할 때 자신의 절절한 경험이 좋은 콘텐츠가 될 것이라는 착각을 버려야 한다. 누구나 아픔과 슬픔, 고통을 이겨내며 많은 성공스토리를 써왔지만 자신의 경험이 무조건 남들에게 영향을 줄 수 있는 것은 아니다. 중요한 것은 냉철한 통찰력이다. 자신이 처한 상황에 얽매이지 않고 자신의 감정에서 빠져나와 냉정해진 상태로 자신의 생각을 정리할 수 있어야 한다. 그리고 이런 생각을 한 문장으로 표현할 수 있어야 한다. 그것이 책의 주제가 된다.

주제는 본인의 전문 분야나 잘 아는 분야가 좋다. 시대적인 흐름과도 맞아 떨어지면 금상첨화다. 좋아하는 분야도 나쁘지 않다. 좋아하지도 않으면서 트렌드만 고려해서 주제를 선정하면 좋은 글이 나올 수가 없고, 책을 쓰는 도중에 벽에 부딪힐 가능성이 높다. 일단 주제를 선정하면 같은 주제를 다룬 경쟁 도서들을 연구해봐야 한다. 어떤 주제를 선택해도 이미 그 주제와 관련된 많은 책이 나와 있을 것이다. 경쟁 도서와 비교해보고 본인만의 방식과 콘텐츠로 차별화할 수 있을 때 주제로 확정하는 것이다.

　시중에 유통될 수 있는 책이 되려면 정보나 지식을 전달할지, 교훈을 전해줄지, 감동을 선사할지 결정하고 그것을 어떻게 자신만의 특징과 매력으로 발산할 수 있을지 고민해야 한다. 누군가의 머리와 마음을 건드려 니즈를 충족시켜줄 수 있다는 확신이 있어야 한다.

　책을 쓰는 일은 망망대해를 항해하는 일과 같다. 주제를 정하는 일은 거친 파도를 헤쳐갈 수 있는 배의 성격을 정하는 것이다. 유조선인지, 유람선인지, 요트인지, 컨테이너운반선인지, LNG선인지, 항공모함인지에 따라 어디로 어떻게 항해할지 결정되기 때문이다. 주제는 한 문장으로 명확하게 표현할 수 있어야 한다. 주제가 결정되면 다음 단계로 넘어간다.

2단계 : 콘셉트 잡고 (가)제목 정하기

주제를 정했으면 명확한 콘셉트를 잡고 제목을 생각해야 한다. 생각한 주제를 어떤 방식으로 표현할지 결정하는 것이다. 콘셉트를 어떻게 잡느냐에 따라 책의 종류가 자기계발서, 실용서, 전문서적, 에세이, 자서전 등으로 결정되기 때문이다. 핵심 주제를 잘 전달할 수 있는 형태로 콘셉트를 잡는다. 이 책을 읽는 사람들은 대부분 자기계발서나 실용서의 형태가 될 것이다.

　콘셉트가 정해지면 제목을 생각해본다. 제목은 우선 독자의 시선을 끌 수 있어야 한다. 독자가 제목을 보는 순간 내용이 궁금해지고, 읽고 싶어지게 만드는 제목을 찾아내야 한다. 『유 엑설런트』라는 책이 있었다. 책이 출간되고 별 반응이 없었다. 그래서 제목을 『칭찬은 고래도 춤추게 한다』로 바꾸었더니 세계적인 베스트셀러가 되었다. 제목이 그만큼 중요하다.

제목을 정하는 일도 전략이 필요하다. 제목을 정하는 것에도 요령이 있다. 무엇보다 책의 내용을 암시할 수 있어야 한다. 아무리 멋진 제목이라도 책의 내용과 맞지 않는 책은 결코 독자들이 선택하지 않는다. 책의 주제로 생각하는 키워드나 단어 등을 생각해 보고 종합적으로 고려해 결정하는 것이 좋다.

초보작가들은 자신이 지은 제목을 끝까지 고수하려는 경향을 보인다. 심지어 원고를 쓸 준비는 다 해 놨는데 제목을 정하지 못해 원고를 쓰지 못하기도 한다. 그러나 처음 제목은 어디까지나 가제목이다. 책을 써 내려가면서 원고의 방향이 바뀔 수도 있고, 괜찮은 표현, 적합한 단어, 멋진 문장 등이 나오면 그것을 참조해서 제목을 수정하기도 한다. 무엇보다 편집 과정에서 마케팅을 고려해 출판사가 다른 제목을 제안할 수도 있다. 나도 지금까지 출간한 12권의 책 중 내가 생각했던 제목으로 출간된 책은 2권밖에 되지 않는다. 물론 출판사에서 제목을 제안하더라도 저자와 충분히 협의하고 결정한다. 나는 원고의 성격, 트렌드, 마케팅 방향 등을 꿰뚫고 있는 편집자의 의견을 거의 수용하는 편이다. 그러나 제목이 바뀌게 되더라도 시작 단계에서 제목을 생각해보는 것이 중요한 이유는 북극성처럼 글을 쓰는 내내 길잡이가 되어줄 것이기 때문이다.

제목을 정할 때 반드시 해야 하는 일은 경쟁 도서의 제목을 분석하고 트렌드를 고려하는 것이다. 현재 유행하는 책의 제목들은 어떤지, 최근에는 사람들이 어떤 스타일의 제목을 좋아하는지 등의 시장

조사가 필요하다. 서점에서 독자들이 제목만 보고도 일단 책을 집어 들 정도로 매력 있고 메시지가 확실한 제목을 지어야 한다.

나는 책의 제목을 생각할 때 집 한쪽 벽면을 채우고 있는 책장을 바라보곤 한다. 책장에 가득 꼽혀 있는 책들의 제목을 읽다 보면 아이디어가 떠오르기도 하고, 각 책에서 한 단어씩 빼 와서 새로운 제목을 만들어보기도 한다.

여러 가지 방법으로 제목을 생각해보고 다수의 제목 리스트를 만든다. 나는 『어른이 되어보니』라는 에세이를 쓸 때 생각해 놓은 후보 제목이 50개가 넘었었다. 그리고 『지.나.간.다.』라는 제목을 정해 놓고 1년이 넘게 원고를 작성했다. 그러나 출판사와의 열띤 협의 후에 『어른이 되어보니』로 결정되었다. 기쁨도, 슬픔도, 사람도, 건강도 모두 지나가는 것이 인생 문법이라 『지.나.간.다.』로 제목을 생각했지만 어른이 되어보니 그런 것들이 비로소 깨달아 진다는 의미로 책의 제목을 결정했다. 그리고 당시에는 『어쩌다 어른』이라는 TV프로그램처럼 '어른'이라는 단어가 유행이기도 했다.

일단 제목 리스트가 나오면 가족이나 친구, 동료 등 지인들에게 의견을 물어보는 것이 좋다. 나도 페이스북과 인스타그램 친구가 각각 5천 명 가량씩 되는데 여러 개의 책 제목, 책 표지 디자인 등을 피드에 올리고 의견을 물으면 저절로 서베이가 된다. 가장 많은 답을 얻는 편이 안전하다. 그리고 이렇게 정한 제목도 나중에 바뀔 확률이 높다. 초보작가 중에는 자신이 제목까지 다 생각했는데 그 제목대로 책이 나오지 않아서 상심에 빠진 경우가 많다. 그러나 본인 고집대로 했으면 더 깊은 상심에 빠졌을 가능성이 높은 것이다.

제목은 핵심 주제를 잘 표현해야 하고 책의 내용도 반영해야 한다. 경쟁 도서와 차별화도 가능하고 눈에도 확 들어와야 하므로 제목을 정하는 일은 쉽지 않다. 나의 경우도 책을 쓰는 과정에서 가장 힘든 것이 무엇인지 물어본다면 책을 출간해 줄 출판사를 정하는 일과 책의 제목을 결정하는 것이라 대답한다. 그러나 좋은 제목을 손 안에 가지고 있다면 즐겁고 신나게 글을 써 내려갈 수 있다.

3단계 : 목차 작성하기

크고 복잡한 백화점이나 쇼핑몰을 처음 방문하면 어디가 어딘지 정신이 하나도 없다. 그러나 지하 식품코너, 1층 명품, 화장품 및 잡화, 2층 여성복, 3층 남성복, 4층 스포츠/레저, 5층 아동, 6층 식당가 등 각 층에 입점한 곳들을 적어 놓은 안내도를 보면 원하는 곳을 쉽게 찾아갈 수 있다. 목차는 이런 안내도와 같다. 한눈에 어떤 내용들이 담겨있는지 알 수 있기 때문이다. 그만큼 제대로 요약해서 잘 작성해야 한다.

건물을 지을 때 기초공사가 중요하다. 뼈대가 튼튼하도록 골조공사를 잘해야 무너지지 않고 오래 간다. 목차는 이 뼈대가 되는 기초 골조 역할을 한다. 잘 작성된 목차는 글을 쓰는 내내 길을 잃지 않도록 안내하는 내비게이션 역할을 한다.

목차를 작성하는 일은 매우 까다롭다. 그러나 책을 판매하는데 있어 목차가 가장 중요하다고 해도 과언이 아니다. 독자들이 일반 서점에서 책의 제목과 표지 디자인 등을 보고 책을 집어 들면 바로 목차를 들여다본다. 이 시간이 불과 1초에서 3초 정도다. 이때 목차가 독자를 한 눈에 사로잡지 않으면 이내 책을 내려 놓고 다른 책으로 손이 간다. 그러므로 목차도 독자의 기준에서 작성해야 한다. 독자의 눈길을 끄는 매력이 있어야 하고, 무엇보다 독자에게 도움이 될 수 있는 내용으로 구성해야 한다. 본인이 쓰는 책이라고 자기 마음대로 작성하는 것이 아니라 전략적이고 치밀해야 한다.

목차를 작성하기에 앞서 벤치마킹이 필수적이다. 자신의 책과 주제가 비슷한 다른 책의 목차를 참조해 보는 것이다. 약 20권에서 30권 정도의 책을 골라 목차를 들여다보면 자신이 쓰고 싶은 주제에 대한 목차를 작성하는데 도움이 된다. 특히 그 책들 중에서 베스트셀러를 참조하면 더 유익하다. 많이 팔린 데는 다 이유가 있기 때문이다.

출판사에 출간 의뢰를 위해 원고를 투고를 할 때 출판사 에디터들이나 원고를 검토하는 직원들이 한결같이 말하는 것이 목차를 가장 먼저 본다고 한다. 저자의 기획 의도와 책의 전체 내용을 파악할 수 있기 때문이다. 목차에서 가장 중요한 것은 장 혹은 파트를 나누는 것이다. 책이 몇 개의 파트로 구성될지 결정하는 것이다. 보통 4개나 5개의 장으로 구성되는데 이 책과 마찬가지로 나는 4장의 형태를 선호한다. 책의 성격에 맞게 전체 주제를 설명해줄 수 있도록 각 장을 구성하고 개별 제목을 정한다.

이때 각 장의 제목을 정하는 것도 가제목을 정하는 것과 마찬가지로 신중을 기해야 한다. 원고의 성격상 장 구분 없이 꼭지들만 나열해도 되는 원고가 있다. 내 책 중 2권의 에세이를 장의 구분 없이 꼭지들만 나열해서 썼다.

하나의 장 아래에는 7개 혹은 8개 정도의 꼭지가 들어가는 것이 좋다. 각 꼭지는 MS워드 기준으로 A4 용지 2페이지 혹은 3페이지 정도가 적당하다. 만일 5개의 장에 3페이지짜리 꼭지가 각각 8개씩 들어가면 전체 분량이 120페이지 정도가 된다. 이는 책으로 출간될 경우 250페이지에서 300페이지 정도의 분량이 된다. 각 장마다 비슷한 꼭지들을 모아 중간 제목을 붙일 수도 있다. 이렇게 목차를 구성할 때에는 마인드맵을 이용하거나 아이디어 지도 등을 활용해서 작성하는 것도 도움이 된다.

목차를 작성해 보면 전체적으로 책의 내용을 예상할 수 있는 동시에 부족한 부분도 보이게 된다. 그러면 추가로 자료수집을 하면 된다. 글을 한참 쓰다가 부족한 부분이 파악되어 새로 자료를 찾아 다니면 전체 작업의 흐름이 끊기게 된다.

건물의 기초공사와 다른 것은, 목차는 원고를 작성하면서 필요시 언제든 수정이 가능하다는 것이다. 너무 잦은 수정은 책의 정체성을 해칠 수도 있으나 오랜 시간 원고를 작성하다 보면 수정이 필요한 경우가 생기곤 한다. 목차가 완성되면 출간기획서도 작성할 수 있다.

4단계 : 출간기획서 작성하기

책쓰기 코칭을 하는 도중에 출간기획서를 설명하다 보면 '기획서도 작성해야 되나요?'라는 질문을 받곤 한다. 초보작가들은 원고만 잘 쓰면 되는 줄 아는 경우가 많기 때문이다. 나도 초보작가 시절 책 몇 권은 출간기획서 없이 원고만 달랑 보내기도 했었다. 다행히 원고의 콘셉트가 명확했고, 원고를 긍정적으로 꼼꼼히 검토해 준 좋은 출판사를 만나서 출간이 가능했지만 요즘은 출간기획서가 없이 출판사에 투고를 하면 거의 출간에 실패한다고 봐야 한다. 출판사마다 투고 원고가 넘쳐나 모두 검토하기 어려운 상황이기 때문이다. 출판사 입장에서 간략하고 효과적으로 잘 정리된 출간기획서를 보고 나서 원고 검토 여부를 결정한다.

출간기획서만 봐도 저자의 기획력과 글쓰기 능력을 포함한 저자의 역량을 파악할 수 있다. 짧은 페이지로 책 한권 분량을 설명할 수 있다면 긴 원고를 채워갈 능력이 있다는 의미이기 때문이다.

책쓰기 강의를 하는 강사들은 출간기획서를 한 페이지로 요약하라고 한다. 그러나 간략한 저자 소개, 목차, 경쟁 도서 분석 등 내용을 알차게 채우다 보면 두세 페이지 정도가 되는 것이 보통이다. 이 출간기획서로 책에 대한 전체 그림을 설명할 수 있어야 한다. 가장 짧은 보고서가 좋은 보고서라는 이야기도 들어봤을 것이고, 모 대기업에서는 모든 보고서를 한 장으로 작성하는 지침을 정했다는 기사도 본 적 있을 것이다. 책을 출간할 때도 자신이 쓰고 싶은 책을 두세 페이지로 요약할 수 있어야 한다.

목차를 건물의 뼈대 혹은 설계도라 본다면 출간기획서는 전체 조감도라 할 수 있다. 단순히 원고에 대한 정보뿐 아니라 책에 관한 대략의 정보가 포함되어야 하기 때문이다. 한 마디로, 출판사의 원고 담당자가 당신의 출간기획서를 보고 출간 여부를 결정할 수 있어야 한다는 의미다. 향후 책을 제작하는 과정에서도 이 출간계획서를 계속 참조하게 된다.

출판사에서는 저자가 보낸 출간기획서를 바로 사용하기도 하지만, 출간기획서를 자사 양식으로 수정해서 내부 의사결정 과정을 거치기도 한다. 출판사마다 조금씩 양식이 다르긴 해도 출간기획서에서 요구되는 내용은 거의 일치한다. 또한 각종 책쓰기 관련 서적이나 책쓰기 강좌에서 가르치는 내용을 포함해 공통적으로 들어가야 하는 내용은 다음과 같다.

(1) 제목 : 가제 및 부제

책의 얼굴이자 전체 책의 성격을 한마디로 표현해 줄 수 있는 제목을 정한다. 앞에서 언급했듯이 여기서 생각하는 제목은 어디까지나 가제목이다. 이 제목이 책의 최종 제목이 될 수도 있지만 처음 생각했던 제목이 바뀌는 경우가 많기 때문이다. 또한 출간기획서에서 제목을 '가제'라고 표현하면 출판사 담당자도 '이 사람은 출판 과정에 문외한은 아니구나'라는 생각을 하게 된다. 또한 제목을 잘 설명해줄 수 있는 부제가 있으면 더 유리하다. 최근 베스트셀러인 『세이노의 가르침』의 부제는 '피보다 진하게 살아라'이고, 『역행자』의 부제는 '돈, 시간, 운명으로부터 완전한 자유를 얻는 7단계 인생 공략집'이다. 역대급 베스트셀러 중 하나인 『총균쇠』의 부제는 '인간사회의 운명을 바꾼 힘'이었다.

(2) 주제 : 핵심메시지

이 책에서 어떤 내용을 말하고 싶은지, 경쟁책들과 어떤 차별점을 가지고 해당 주제를 설명할 것인지를 명시한다. 책의 주제와 핵심메시지는 한 문장으로 설명할 수 있어야 한다.

(3) 기획의도

출간목적과 기획의도 등 왜 이 책을 기획하고 준비했는지를 설명한다. 해당 책만이 가진 매력적이고 차별적인 내용을 요약한다. 너무 길지 않아야 하고 두세 문장으로 해당 출간목적과 기획의도를 설명할 수 있어야 한다.

(4) 분야 : 콘셉트

책의 여러 분야 중 이 책이 어떤 분야에 해당하는 책인지 설명한다. 가령, 책의 장르가 자기계발서인지, 실용서인지, 인문학인지, 에세이인지를 명확히 한다. 가능하면 조금 더 세분화해서 책의 콘셉트를 설명하는 것이 좋다. 에세이라도 자기계발서 스타일의 에세이인지, 최근 유행하는 힐링에세이인지 밝히면 더욱 좋다. 출판사 혹은 담당자마다 전문 분야가 있기 때문에 어떤 분야의 책을 어떤 콘셉트로 쓰는지를 밝히는 것은 출간 여부를 결정하는데 있어 매우 중요한 요소다.

(5) 저자소개

책을 쓰려고 하는 저자가 누구인지, 왜 이런 책을 써도 되는지를 설명한다. 저자의 핵심 경력과 전문성, 연구경력이나 경험 등을 나타낸다. 저자의 일대기를 쓰는 것이 아니라 해당 책과 관련 있는 점들을 내세워 짧고도 효과적으로 저자를 소개할 수 있어야 한다. 나중에 책 표지 날개면 등에 실릴 저자 소개는 편집 과정에서 재작성하게 되므로 여기서는 출판사와 담당자의 이목과 관심을 끌 수 있도록 작성하는 것이 유리하다.

전화번호나 이메일 등의 필수 정보는 물론이고 SNS 아이디 등을 포함해야 한다. 출판사에서 SNS를 검색해보고 저자의 집필 능력, 홍보나 마케팅 역량 등을 가늠할 수 있기 때문이다. 출간으로 이어지지 않을 경우 출판사에서는 바로 폐기하므로 개인정보 유출은 걱정하지 않아도 된다.

(6) 대상독자

어떤 독자들이 관심을 가질 것인지 조사가 필요하다. 독자층의 정보를 수집하고 세분화하여 구체적으로 작성하는 것이 유리하다. 회사에서 승진을 앞둔 관리자라든지, 경력단절 이후에 취업을 희망하는 중년 여성이라든지, 삶의 무게가 견디기 힘들어 치유가 필요한 가장이라든지 타게팅이 명확하도록 독자를 설명하고 해당 독자층의 관심사나 요구사항 등을 면밀히 파악해야 한다. 독자 설정이 명확하면 글을 쓰는 내내 도움이 된다.

(7) 목차

목차가 출간기획서의 핵심이라 할 수 있다. 어떤 성격의 책이 될지, 어떤 원고로 채워질지, 어떤 메시지를 전할지 명확해지기 때문이다. 보통 출간기획서는 1페이지가 적당하지만 목차 때문에 2페이지 이상으로 늘어나기도 한다. 다른 내용이 잘 작성되어 있다 해도 목차가 부실하면 출간으로 이어질 가능성은 희박해진다.

(8) 경쟁 서적 분석

자신이 쓰고자 하는 책이 특이해서 비슷한 책이 없는 경우는 없을 것이다. 비슷한 주제를 다룬 책을 연구해야 한다. 시중에 나와 있거나 과거에 출간된 유사 책을 조사하고 그 책들의 강점과 약점 등을 분석해야 한다. 본인이 쓰는 책이 그 책과 어떻게 차별화될 수 있는지, 어떤 장점이 있는지를 잘 어필해야 한다. 시중에 나와 있는 경쟁 도서를 분석하는 것만으로도 책을 쓰는데 많은 공부가 된다.

(9) 마케팅 및 홍보 방안

출판사에서 책을 선정할 때 가장 먼저 고려하는 요소는 '얼마나 팔릴까'이다. 책이 출간되면 출판사에서 하는 기본적인 마케팅과 홍보 활동이 있다. 그 외에 저자는 어떻게 마케팅 활동과 홍보 활동을 해서 책 판매에 기여할 수 있는지를 고려한다. 저자가 소화할 수 있는 분량이 많을수록 출간이 유리하다. 저자가 몸담고 있는 단체, 강의 기관, 활동하고 있는 SNS나 블로그 등 구체적으로 책을 홍보할 수 있는 방안이나 계획을 명시하는 것이 좋다. 직접 유튜브 채널을 운영하고 있거나, TV나 라디오, 혹은 책을 소개하는 유튜버 등과의 네트워킹이 있다면 금상첨화다.

5단계 : 원고 작성하기(글쓰기)

이제 당신의 글쓰기 실력을 맘껏 뽐낼 시간이다. 책을 출간하기 위한 프로세스 중 가장 시간이 많이 필요한 과정이다. 그동안 갈고 닦은 실력을 발휘할 무대가 열려 있다. 3장에서 설명한 '글을 잘 쓰는 10

가지 비결'을 참조해서 글을 써 나가면 된다.

글을 쓰는 동안 중간중간 첨삭지도를 받거나 피드백을 받는 것이 좋다. 글을 다 쓴 다음에 전체를 수정하는 것은 어렵기 때문이다. 글쓰기 강좌 등에서는 중간중간에 쓴 글을 검토해주고 수정 방향을 피드백해준다. 내가 글쓰기 코칭을 할 때도 우선 샘플 꼭지를 2~3개 작성하게 하고 전체적인 톤과 기본 사항을 수정해 준 다음에 본격적인 원고 작업에 들어가도록 지도한다. 글을 쓸 때는 전체적으로 자신의 톤앤매너를 유지해서 일관성을 유지하면서도 본인만의 스타일을 담아내도록 노력해야 한다

6단계 : 서문과 맺음말 작성하기

서문은 책의 맨 처음에 나오기 때문에 가장 먼저 쓴다고 생각한다. 실제로 서문을 먼저 써 놓고 그것을 나침반 삼아 원고를 써 내려가기도 한다. 그러나 내 경험상 서문을 쓸 때는 원고가 어떻게 전개될지 정확하게 예측하기 어려워 서문과 책의 내용이 조금 다르게 진행되기도 한다. 그래서 간략하게 서문을 써 놓은 다음에 원고가 완성되면 전체 원고를 고려하여 서문(프롤로그)을 수정하고 맺음말(에필로그)을 작성한다. 서문을 두 번 쓴다고 생각하면 된다. 출간작업이 진행되면서 어느 정도 본문의 편집 작업이 끝나가게 되면 전체 내지 디자인과 페이지 수 등을 결정하기 위해 출판사에서 작가 소개와 서문을 작성해 달라는 요청이 온다. 그때 제대로 작성하면 된다.

독자의 입장에서 생각해보면 간단하다. 독자가 책을 읽기로 결정하면 목차를 훑어본 다음 서문부터 읽기 시작한다. 서문은 책이 어떻

게 쓰여졌고, 어떤 내용이 담겨 있으며, 읽는데 도움이 될 만한 사항을 소개한다. 맺음말은 책의 전체 내용을 다시 한번 복습할 수 있도록 핵심 메시지를 요약 정리해준다. 그러기 위해서는 서문과 맺음말 모두 전체 원고가 완성된 후 전체 내용을 정확하게 숙지한 후에 작성하는 것이 책을 읽는 독자에게 더 친절한 배려다

굳이 서문과 맺음말을 모두 작성하는 경우도 있지만 둘 중 하나를 제외하는 경우도 있다. 서문은 있으나 맺음말이 생략되는 경우가 많다. 그러나 책에 나오는 꼭지가 모두 독립적이어서 굳이 서문에서 요약해 줄 필요가 없는 경우도 있다. 내가 쓴 에세이 『관계의 클래식』도 서문과 맺음말 모두 생략하고 바로 본론으로 들어갔다. 제목과 부제(사람과 사람 사이, 변하지 않는 것들)로 충분히 서문에서 설명할 내용을 요약했기 때문이다.

7단계 : 퇴고하기

초고가 완성되었다면 이제 글쓰기의 50퍼센트 정도가 끝났다고 보는 것이 좋다. 빨간 펜을 든 선생님의 입장에서 퇴고 작업을 시작해야 한다. 앞에서 여러 작가의 사례를 들어 퇴고의 중요성을 강조했다. 책쓰기 코칭을 하다 보면 간혹 '부족한 부분은 출판사에서 검토해주지 않나요?'라고 묻는 사람이 있다. 그러나 퇴고할 때 맞춤법이나 반복 구간, 식상한 표현, 금지사항 등을 수정하기도 하지만 일부 내용을 고쳐야 하는 경우도 있다. 출판사가 해야 하는 부분이 있고 저자가 해야 하는 부분이 있는 것이다. 게다가 글이 어설픈 상태로 투고를 하면 출판사에서 출간을 결정해 줄 확률도 줄어든다.

퇴고는 원고를 다 쓴 다음에도 가능하지만 글을 쓰는 도중에도 수시로 해야 한다. 물론 전체적으로는 책쓰기 프로젝트의 진도를 위해 50퍼센트 정도의 완성도를 생각하고 빨리 써 내려가야 한다. 그런데 원고가 완성된 후 읽었을 때 본인이 생각한 방향과 전혀 다른 방향으로 전개되었거나, 자신의 생각과 주장이 희미해지는 것을 발견하게 되면 책을 출간하는데 치명적인 결함이 되므로 중간중간에 프로젝트의 톨게이트 리뷰처럼 원고를 검토해야 한다.

한 꼭지를 끝낼 때마다, 한 장을 끝낼 때마다, 전체를 끝냈을 때 꼼꼼하게 퇴고를 해봐야 한다. 그리고 인맥을 동원해 퇴고를 해줄 수 있는 역량을 지닌 지인들 몇 명에게 원고 검토를 부탁해 보는 것도 좋은 방법이다. 그러나 100퍼센트 만족할 때까지 퇴고하는 것은 곤란하다. 지구상 그 어느 작가도 자신의 원고를 100퍼센트 만족하지는 못한다. 일단 80퍼센트 정도 만족스러우면 다음 단계로 넘어가야 한다. 나머지 20퍼센트에 해당하는 부분은 출판사와 협의해 가면서 편집 과정 중에 수정할 수도 있기 때문이다.

원고 작업을 막 끝냈다고 바로 퇴고를 하는 것보다 시간이 어느 정도 지난 후에 하는 것이 좋다. 저자모드에서 독자모드로 전환하는 시간이 필요하다. 시간이 조금 지나야 책에 몰입해 있던 작가의 입장에서 한 발 걸어 나와 독자의 입장에서 볼 수 있기 때문이다. 어제 원고 작업을 끝내고 오늘 퇴고를 시작하면 아무래도 객관적인 눈으로 자신의 원고를 들여다보기 어렵다. 지인들에게 퇴고를 부탁해 놓고 그 기간이 지난 후에 자신이 퇴고를 하는 것이 좋다.

8단계 : 출판사에 투고하기

원고 준비가 다 되었으면 이제 자신의 원고를 정성스레 편집해서 책을 출간해 줄 출판사를 찾아야 한다. 내게 책쓰기 코칭을 문의해오는 사람 중에는 원고를 다 썼으나 출판사를 찾지 못해 책을 출간하지 못하고 있다는 사람이 의외로 많다.

원고를 쓰기 전이나 쓰는 도중에 미리 출판사와 함께 기획을 했거나, 출간기획서를 보고 출간하기로 협의한 경우가 아니면 출판사에 원고를 투고해야 한다. 투고할 때는 원고와 함께 미리 작성해 둔 출간기획서를 첨부해야 한다. 출판사 담당자는 이 출간기획서를 본 후 원고를 검토할지 결정하기 때문이다. 전체 원고가 작성되기 전에 출간기획서와 원고의 일부를 투고해서 원고가 완성되기 전에 출간이 결정되는 경우도 많다.

초보작가는 원고를 어떻게 투고해야 하는지도 모르는 경우가 많다. 무조건 유명한 출판사에 투고하는 것이 아니라 자신의 책과 비슷한 분야나 주제를 다룬 책을 출간한 출판사를 살펴봐야 한다. 출판사마다 전문분야가 있기 때문이다. 인문학이나 소설 위주로 책을 내는 출판사에 자기계발서를 보낸다거나, 경영경제서적 전문 출판사에 에세이나 소설을 투고하면 시간 낭비이기 때문이다.

원고 투고는 지인 출판사를 소개받는 경우가 아니라면 대부분 출판사 홈페이지로 하게 된다. 나는 지인에게 출판사 소개는 권하고 싶지 않다. 원고가 적절하지 않은데 지인이라 거절할 수 없어서 출간하게 되면 출판사에는 적지 않은 손실을 안겨 주게 되기 때문이다. 물론 보통의 경우는 비즈니스이기 때문에 지인이라 해서 기준에 미달하는 책을 출간해주지는 않는다. 그러나 만일 아무리 정당한 사유라 해도 막상 출간을 거절당하게 되면 출판사의 지인과 사이가 서먹해진다. 거절당해서 기분 좋은 사람은 없기 때문이다. '나한테 어떻게 그럴 수 있어?'라는 생각이 들 정도로 가까운 사이면 더 조심해야 한다. 작가는 거절당한 실망감만 안으면 되지만 출판사에 근무하는 지인은 사업적인 부담을 안거나 지인을 떠나 보낼 확률이 높기 때문이다.

일부 출판사는 홈페이지에 원고 투고란을 만들어서 바로 투고가 가능하도록 되어 있기도 하지만 대부분은 이메일로 투고를 받는다. 출판사마다 담당자가 지속적으로 이메일을 확인하여 투고메일을 검토한다.

우리가 이름을 들어본 웬만한 출판사에는 하루에도 출간 검토를 의뢰하는 이메일이 수십 건씩 도착한다. 담당자가 아무리 열심히 일을 해도 모든 원고를 다 검토할 수는 없다는 의미다. 내가 함께 작업했던 편집자는 도착하는 원고 중 실제 검토하는 원고는 10퍼센트도 안 된다고 했다. 이메일을 다 열어 보긴 하지만 첨부된 원고를 클릭할 확률은 매우 적다는 의미다. 그러니 원고를 투고할 때 쓰는 이메일이 중요하다. 하루에도 수십 건이 넘는 투고 메일을 받는 담당자들은 '이메일 문구만 봐도 원고 내용을 짐작할 수 있다'고까지 한다. 초보작가들은 원고만 보내 놓으면 무조건 검토가 되는 줄 알지만 시간이 흘러도 회신이 없는 경우가 많다. 그러니 자신이 보낸 이메일을 보고 원고를 확인해볼 수 있도록 전략적으로, 그리고 최대한 공손하게 메일 문구를 작성해야 한다. 쓸데 없는 말은 빼야 한다.

쉽게 따라하는 책 쓰기 '10단계' 프로세스

가령, 자신이 해당 출판사의 오랜 팬이라든지, 최근에 그 출판사에서 나온 책들을 관심 있게 읽었다든지 하는 말은 전혀 도움이 안 된다. 이메일을 확인하는 담당자의 눈에 전혀 들어오지 않은 내용들이다. 이메일에는 짧지만 책에 대한 특징을 임팩트 있게 설명하는 것이 좋다. 저자가 어떤 사람인지 어필하는 것도 중요하다. 자신이 투고한 출판사에서 회신을 받지 못했다면 원고가 적합하지 않아서일 수도 있지만 이메일 본문이 충실하지 않아서 아예 검토도 받지 못했을 가능성이 높다.

메일의 제목은 별 의미가 없다. 출간의뢰의 건, 원고 투고 등 상관은 없지만 원고의 제목(가제)을 포함해야 하고 이메일 본문은 책의 콘셉트를 한눈에 알 수 있도록 작성하는 것이 유리하다. 출간기획서만큼의 분량은 아니지만 짧은 이메일로 자신의 책을 잘 설명해야 한다.

개인적으로 책을 출간하는 과정에서 가장 힘들었던 것이 출판사의 출간 약속을 받아내는 일이었다. 출판사의 입장에서도 책을 한권 출간하면 보통 2천만 원 정도의 비용이 발생하므로 쉽게 결정할 수 있는 일은 아니다. 최소한 그 정도 비용 이상은 뽑을 수 있는 원고를 선택해야 하기 때문이다. 기본적으로 1쇄만 모두 판매하면 출판사는 해당 책 제작비용은 뽑는다고 한다. 그러나 출간되는 책 중 1쇄로 끝나는 것이 90퍼센트가 넘는 현실이라 출판사도 좋은 원고를 골라내는 일에 사활을 걸게 된다. 그래서 규모가 조금 작거나 혹은 1인 출판사라도 SNS 등으로 오래 교류하는 게 좋다. 신뢰가 있고 좋은 책을 만들어 홍보도 열심히 하는 곳과 관계를 맺고 조금씩 이야기를 진행하여 책 출간 여부를 의뢰하는 방법도 있다. 그러나 규모가 작을수록 출간 후 홍보와 마케팅이 아쉬울 가능성이 높다.

    출판사에서 원고를 검토하는 데는 일주일에서 한 달 정도 소요된다. 그리고 출간이 어렵다고 판단될 경우는 거절 메일을 받게 된다. 거절 메일을 받았다는 것은 적어도 원고 혹은 출간기획서 정도는 검토를 했다는 의미다. 출간이 무산되었더라도 거절 메일을 받는 경우는 절반이 채 안된다. 그냥 출판사에서 연락이 없으면 '출간이 거절되었구나'라고 생각해야 한다.

    출간 거절 이유는 대부분 출판사의 출간 방향과 맞지 않는다고 완곡하게 설명한다. 그렇게 거절하는 것이 저자의 기분을 덜 상하게 하는 방법이기 때문이다. 영업을 담당하는 경우가 아니라면 직장에서 승승장구하느라 이런 거절 메일을 받아본 적이 없는 경우가 많다. 의외로 많은 사람이 원고까지는 썼으나 몇 군데 출판사에서 이런 메일을 받고는 좌절해서 책쓰기를 포기한다.

    많은 예비 작가가 이렇게 투고 과정에서 좌절한다. 편집자의 눈썰미 없음을 원망하고, 자신이 다른 출판사에서 보기 좋게 성공해서 땅을 치고 눈물을 흘리게 만들어 복수하는 경우를 상상하기도 한다. 심지어 이런 거절 메일을 받았는데도 구체적으로 거절 이유를 알려달라고 출판사를 괴롭히는 사람도 있다. 그러면 출판사에게 원고를 거절하길 정말 잘했다는 확신만 줄 뿐이다. 거절 이유를 알려달라는 일은 백화점에 와서 구경을 한 후 아무것도 사지 않고 나가는 손님에게 왜 물건을 사지 않는지 이유를 알려달라는 것과 마찬가지다. 어차피 출판사의 대답은 '출간방향과 맞지 않아서'일 것이다.

　세계적인 베스트셀러인『영혼을 위한 닭고기 수프』는 출판사로부터 무려 350번이나 거절당했다고 한다. 조앤 롤링의『해리 포터』시리즈도 무려 12번이나 퇴짜맞고 13번째에 겨우 블룸즈베리 출판사에서 초판 500부로 출간되었다고 한다. 유명인이 아니라면 출간을 거절당하는 것도 초보작가가 경험해야 할 과정이다.

　투고할 때는 다른 제목이었지만 나도 에세이집『어른이 되어보니』를 무려 50군데 넘는 출판사로부터 거절당했었다. 그런데 이 책을 내 준 출판사의 편집장으로부터 직접 만나자는 연락이 와서는 "저는 작가님 글이 참 좋아요"라고 하며 꼭 자신들과 같이 작업하자고 한 후 세 달 지나 책이 출간되었다. 초보 작가의 원고가 바로 채택되는 일은 하늘의 별따기다. 출판사를 섭외하는 일에도 인내와 끈기가 필요하다. 때로는 원고를 쓰는 기간보다 오래 걸리는 경우도 있다. 계속 거절당하게 되면 자신의 원고를 되돌아봐야 한다. 트렌드에 맞는 콘셉트를 잘 잡았는지, 구성이 어설프지는 않은지, 다른 책들과 차별화가 안되는지, 저자 어필을 제대로 했는지, 원고를 좀 더 가다듬거나 보강해야 할 부분은 없는지 등을 돌아볼 필요가 있다. 넋 놓고 있지 말고 반복해서 퇴고를 하면 된다. 물론 출간기획서를 효과적으로 작성했는지, 이메일 문구는 적절했는지 등도 검토해 봐야 한다.

　출판사에서는 꼭 필요한 지식과 정보가 담겨 있는지, 글의 완성도가 높고 논리적으로 전개되었는지, 재미는 갖추었는지, 이 사회에 필요한 책인지 등을 검토한다. 결국 얼마나 팔릴 것인지를 검토하는 것이다. 자신의 원고가 이런 기준에 부합한지 냉정하게 돌아 봐야 한다.

9단계 : 계약 · 편집 · 작업 · 추천사 준비 · 출간 준비하기

출판사가 정해지면 이제 공은 출판사로 넘어간다. 출간 라인업 등 출판사 내부 상황에 따라 달라지겠지만 출판사가 정해진 후 책이 출간되기까지는 보통 3개월에서 6개월 정도 소요된다.

출판사가 결정되면 가장 먼저 '출판권 설정 계약서'를 작성한다. 계약서는 상식적인 수준으로 표준계약서 형식을 따르지만 작가 입장에서 몇 가지는 알고 있어야 한다.

초보작가들이 가장 관심을 가지는 것은 인세다. 인세는 판매 정가의 10퍼센트 정도로 결정된다. 책 표지에 표시된 가격이 2만 원이라면 한권 팔릴 때마다 작가에게 2천 원씩 돌아간다는 의미다. 출판사마다 다르지만 보통 초보작가에게는 6퍼센트에서 10퍼센트 사이에서 인세가 결정된다. 내가 코칭을 해주는 분들의 평균 인세는 8퍼센트 정도이다. 1쇄는 조금 낮은 퍼센트로 시작하고 2쇄와 3쇄로 갈수록 인세가 늘어나는 경우도 많다. 예를 들면, 1쇄는 6퍼센트, 2쇄는 8퍼센트, 3쇄부터는 10퍼센의 인세를 계약하는 것이다. 인세는 책의 판매상황을 요약한 인세보고서와 함께 분기 혹은 반기별로 정산된다. 출판사 사정에 따라 일년에 한 번 정산하는 곳도 있다. 이 내용도 계약서상에서 결정하게 된다.

보통은 계약이 체결되면 계약금조로 선인세를 받고, 초판(1판 1쇄)의 인세는 발행 부수를 기준으로 초판 발행일로부터 1개월 이내에 지급받게 된다. 선인세는 1백만 원 정도가 일반적이다. 초판 인세를 지급받을 때 이 선인세를 제한 금액을 지급받는다. 최근에는 선인세 없이 진행되는 경우가 많고, 초판 인세도 초판이 다 판매되면 지급하는 경우도 늘어났다. 갈수록 출판사가 어려워지고 있다는 의미다.

다음으로 신경써야 할 내용은 출간 부수다. 내가 책을 쓰기 시작했을 때는 보통 한 쇄는 2천 권 정도 찍어 냈고, 『어른이 되어보니』는 1쇄가 3천 권이었다. 최근에는 워낙 책이 잘 팔리지 않아서 일단 5백 권을 찍어 내고 판매 동향을 봐서 나머지를 찍어 내기도 하는데 5백 권과 1천 권을 인쇄하는 비용이 크게 차이가 들지 않으므로 1천 권 정도로 결정되는 경우가 많다.

저자는 책 정가의 60퍼센트 혹은 70퍼센트 정도의 가격에 책을 구입할 수 있고 보통 10권에서 20권 정도를 저자 증정본으로 받게 된다.

다음 고려할만한 사항은 출판권 설정 기간이다. 보통 5년으로 계약하게 되는데 5년이 지나면 출판권이 소멸되어 출판사에서는 책을 절판하고 저자는 원고를 다시 사용할 수 있는 권리를 지니게 된다. 최근에는 이 기간을 1년으로 한 후, 책의 판매 상황을 보고 다시 기간을 연장하는 경우도 많다. 책이 잘 팔리지 않으면 계속 찍어내고 재고를 가져가는 것이 아니라 1년 안에 승부를 보고 깔끔하게 정리한다는 의미다. 역시 출판사가 비용부담을 최소화하기 위한 방법이다.

그러나 이 기간도 계약서 작성시 얼마든지 협의가 가능하다.

　계약서 작성이 끝나면 본격적으로 책을 만드는 시간이다. 출판사에서는 교정, 윤문, 디자인 등의 작업을 하는데 원고 수정이 필요하거나 재작업이 필요한 부분은 지속해서 협의하면서 결정해 나간다. 이때 편집자와의 호흡이 중요하다. 나는 출판사보다 편집자와의 호흡에 더 집중하는 편이다. 그래야 서로 협의해가면서 충분히 나눈 의견을 책에 잘 반영할 수 있기 때문이다. 기본적으로 편집자들은 출판에 관한 전문가들이므로 이 과정에서 저자는 편집자의 의견을 존중하는 것이 유리하다. 간혹 사소한 것 하나 가지고 작가가 계속 문제를 제기하는 경우가 발생하기도 하는데 이는 양쪽 모두에게 결코 도움이 되지 않는다. 저자 입장에서는 첫 책이라 더 애정이 가기 때문이기도 하지만 출판사와 의견이 다를 경우 잘 조율해야 이후의 과정이 수월해진다. 편집자나 마케터 등 출판사 직원들도 우리와 같은 사람이고 힘들게 생활하는 직장인들이기 때문이다.

　출판사의 작업이 어느 정도 진행되면서 몇 가지 추가 작업이 필요하다. 일단 제목을 다시 결정해야 할 경우가 있다. 출판사에서 원고를 집중적으로 검토하고 시장 트랜드 등을 고려하여 제목을 다시 생각해봐야 할 경우가 많이 생기기 때문이다. 그리고 편집작업이 끝나갈 무렵에 책의 전체 분량과 디자인을 고려하여 저자 소개, 서문, 맺음말 등을 작성한다. 이때 저자 사진이 들어갈 경우도 있으므로 미리 여러가지 사진을 준비해 놓는 것이 좋다. 개인적으로는 저자 사진이 들어가는 것은 득보다 실이 많은 것 같아 사진을 포함시키는 것을 별로 권하지 않는다.

쉽게 따라하는 책 쓰기 '10단계' 프로세스

편집 작업이 끝날 때면 표지와 내부디자인 시안이 나오는데 보통 서너 개의 시안 중에서 저자와 편집자, 마케터가 협의하여 하나를 결정하게 된다. 특히 표지 디자인이 중요한데 출판사도 시장조사를 하지만 지자도 페이스북이나 인스타그램, 블로그에서 지인들의 의견을 수렴해 결정하는 것이 좋다.

편집이 끝나갈 무렵 추가 원고가 요구되는 경우도 있다. 특정 부분에서만 분량이 부족하거나 추가로 들어가면 좋을 내용이 파악되는 경우다. 이때 원고를 빨리 작성해야 책의 출간이 지체되는 것을 막을 수 있다.

10단계 : 홍보 · 마케팅 방안 마련하기

책이 출간되어 첫 번째 책을 받아 드는 순간은 감개무량 그 자체다. 마치 내 아이를 출산한 것 같은 느낌이 든다. 고생과 노력을 한 순간에 보상받는 느낌이다. 그리고 자신의 책이 시중 서점에 쟁쟁한 책들과 함께 자랑스럽게 진열되어 있는 것을 눈으로 확인하는 순간의 감동은 평생 잊지 못한다.

책이 나오면 일단 가장 고생스러운 부분은 끝났다는 의미다. 책이 출간되면 그동안 수고해준 출판사 직원들과, 가족 혹은 친구들과 각종 축하 자리를 갖게 된다. 그러나 너무 오래 이 기분에 빠져 있으면 곤란하다. 첫 책을 출간한 저자는 수년 간 연습생 신분을 거쳐 결국 데뷔를 한 아이돌과 같다. 비록 최초의 목표인 데뷔는 했으나 인기를 얻지 못하면 아주 짧은 시간에 대중에게서 잊혀져 간다. 일단 유명해지면 후속곡을 준비하는 것도 어렵지 않지만 유명해지는 것은 데뷔하는 것보다 더 어렵다. 책도 마찬가지다. 일단 유명해지면 책이 어느 정도 잘 팔린다. 그러니 책이 나오면 저자는 모든 방법을 동원해서 책을 홍보해야 한다. 이제는 책을 팔 시간이다.

출판사의 마케팅활동으로 일단 책이 나오면 대형서점의 매대에 진열된다. 우리가 흔히 서점에 가면 표지가 잘 보이도록 허리 높이의 판매대에 책이 나열되어 있는 곳에서 제목과 표지 등을 보고 책을 고르게 되는데 이곳을 평대라 한다. 특히 신간 서적들은 거의 모든 서점마다 독립적으로 코너를 마련해 놓는다. 그러나 새로 출간되는 책이 많아 서점에서는 오랜 기간 책을 그곳에 진열하지 못한다. 많이 팔리는 책이 아니라면 2주에서 한달 정도 책의 판매 추이를 지켜보다가 판매가 부진하면 책이 세로로 꽂히는 입서가로 옮겨진다. 작가들은 이 입서가를 책의 무덤이라 부른다. 평대에서 사라지는 순간 책의 판매는 거의 어렵다고 보기 때문이다. 일부러 책 제목을 알고 책을 사러 오는 사람을 제외하면 책의 판매가 어려워진다. 그러니 책이 출간되었을 때 홍보활동을 열심해 해야 한다.

마케팅 비용은 거의 출판사에서 부담하는데 책이 많이 팔릴 것으로 예상되는 경우에는 출판사에서 많은 비용을 지불하더라도 적극적으로 홍보 활동을 한다. 저자의 인세가 10퍼센트라면 출판사의 몫은 90퍼센트이기 때문이다. 책을 팔아야 출판사도 운영하고 직원들 월급도 줄 수 있다. 간혹 저자가 사비를 들여 조금 더 적극적인 마케팅 활동을 하기도 한다.

출판사에서 가장 많이 사용하는 마케팅 방법은 서평 이벤트다. 책을 읽고 온라인 서점이나 인스타그램, 블로그 등에 책 사진과 서평을 올려줄 독자를 물색해서 책을 보내주는 것이다. 노출을 늘리기 위한 것이다. 이런 서평 이벤트를 전문적으로 활용하여 자신의 돈을 들이지 않고 새로운 책을 마음껏 읽는 독자가 의외로 많다.

책을 홍보하고 마케팅하는 데 가장 중요한 것은 작가의 활동이다. 책이 나왔는데 그것으로 만족하며 조용히 지내는 작가도 있다. 출판사에서 가장 곤란해하는 작가다. 작가가 책의 홍보에 가장 많은 노력을 기울여야 한다. 『언어의 온도』라는 책은 크라우드 펀딩 방식의 독립출판으로 출간된 후 1년이 지나도록 책의 판매가 부진했는데 작가가 직접 지방의 서점들을 돌면서 자신의 책을 홍보하면서 점점 입소문을 타 1백만 권이 넘게 팔린 베스트셀러가 되기도 했다.

저자는 자신의 SNS를 적극적으로 활용해야 한다. 이때는 겸손이 미덕이 아니다. 자신의 책이 나왔음을 알리고 또 알려야 한다. 평소 북클럽 등에 가입되어 활동하고 있다면 그 북클럽에 책을 소개하는 시간을 갖고, 그런 활동을 또 SNS 올리면서 홍보해야 한다. 다른 북클럽에도 책의 홍보를 부탁해야 한다. 또한 각종 북토크나 강연회 등의 요청이 오면 강사료나 다른 조건에 신경 쓰지 말고 가능한 한 모두 응해주는 것이 좋다.

가장 효과적인 홍보 방법은 TV뉴스, 신문 등 매스미디어에서 책을 소개해 주는 것이다. 가장 많은 사람에게 노출되기 때문이다. 내 책 『어른이 되어보니』도 한 방송의 '금주의 신간' 코너에 소개된 것을 지방 모 도시 시청의 담당자가 눈여겨 보았다가 '올해의 책'으로 선정해주고 한꺼번에 무려 4백 권을 구매하기도 했다.

책이 출간되면 출판사에서 기본적으로 일간지 문화부기자들에게 홍보용 책을 발송한다. 그러나 해당 기자들의 책상에는 하루에도 몇 십 권의 책이 쌓여 저자가 유명인이거나 자극적인, 혹은 매우 힙하고 핫한 책이 아니라면 선택을 받아 소개되는 확률은 매우 낮다. 혹시 이런 계통에 근무하는 지인들을 활용한 인맥 마케팅이 가능하다면 적극 활용해야 한다. 또한 내용이 조금 소프트하다면 라디오프로 담당 PD나 작가에게 보내는 것도 괜찮은 방법이다. 그들은 매일 DJ의 오프닝 멘트를 포함해서 감동과 공감이 담긴 내용들을 찾아 책을 포함해서 많은 자료를 찾아다니기 때문이다.

책이 출간된 후 처음 몇 주는 에너지가 넘치고 보람도 느끼며 열심히 책을 홍보하지만 시간이 지나면 조금 지치게 된다. 무엇보다 생각보다 책의 판매량이 부족하면 대부분 실망하고 좌절하기도 한다. 대부분의 초보작가가 경험하는 것이지만 민망할 정도로 책이 판매되지 않는 것을 경험하게 된다. 출간되는 책의 90퍼센트 이상이 1쇄로 끝나는 것이 현실이기 때문이다. 심지어 책의 판매량을 보면 자신을 응원해주던 지인들조차 책을 사주지 않는 것 같아 자신의 인생을 돌아보기도 한다.

인터넷 서점의 판매 지수를 확인하고 포털 사이트 검색창에 책 이름을 검색해도 새로 올라오는 내용이 줄어들면서 점점 힘이 빠지게 된다. 심지어 출판사조차 관심을 접은 느낌도 든다. 생각만큼 인세도 많지 않다. 그러나 대한민국에서 책을 써서 인세로만 먹고 사는 사람은 아주 드문 것이 현실이다. 이때부터는 베스트셀러의 희망은 포기하더라도 스테디셀러의 희망을 지니고 있어야 한다. 장르는 다르지만 걸그룹 브레이브걸스의 노래 〈롤린〉은 음원출시 후 4년이 지나서야 인기를 얻어 역주행을 하기도 했다. 이런 일이 출판분야에서도 일어날 수 있다. 무슨 일이 벌어질지 아무도 모르기 때문이다.

다른 사람들이 자신의 책을 홍보해주지 않는 것을 보면 실망감이 커진다. 그러나 다른 사람들로부터 홍보에 관한 도움을 받으려면 본인도 평소에 다른 작가의 책을 적극적으로 홍보해주고 읽은 책들의 서평도 열심히 써줘야 한다. 무엇보다 주변인들과 신뢰를 잘 쌓아 놔야 한다. 책을 썼다고 갑자기 주위를 챙기기 시작하는 일은 평소 연락도 없다가 갑자기 연락하고 친한 척하더니 청첩장을 건네는 일과 같다. 가장 효과적인 홍보 방법 중 하나는 지인을 활용하는 것이다. 인스타그램 팔로워가 1만 명인 사람 10명만 책 사진을 피드에 올려주면 10만 명에게 직접 홍보하는 효과가 나는 것이다. 그리고 그 피드를 보는 사람들은 다른 사람들보다 조금은 더 책에 관심 있는 사람들일 가능성이 높다. 어떤 작가는 첫 책을 출간했다고 동창회에서 출간기념회를 열어 축하해주고 열심히 홍보해주는 것을 본 적이 있다. 사실 나도 이런 일을 보면서 내 자신을 돌아보는 계기가 되기도 했다.

주변을 적극적으로 활용해야 한다. 이때는 겸손이 미덕이 아니다. 자신의 책이 나왔음을 알리고 또 알려야 한다.

부록

직장인 쳇바퀴에서 벗어난 작가 인터뷰

이재형 ──────────────────── 비즈니스임팩트 대표

현재 ㈜비즈니스임팩트 대표, 세종사이버대학교 교양학부 겸임교수이며, 경영자·임원 코치이자, 작가, 칼럼니스트로 활동하고 있다. 40대 중반에 KT를 퇴사한 후 '비즈니스 코치'로서 인생 2막을 살아가고 있다. '코치'라는 직업을 가슴 뛰는 천직이라고 생각하고 있다. 경영자·리더·구성원을 코칭하면서 이들의 변화와 성장을 돕는 일에서 보람과 행복을 찾고 있다. 또한, 대학에서 『나를 위한 커리어 코칭』이란 과목을 가르치면서 커리어와 미래를 고민하는 직장인들에게 멘토 역할을 하고 있다. 미시간대학교 경영대학원을 졸업했고 연세대학교에서 박사학위를 받았으며 국제코칭연맹(ICF) 한국지부 이사를 역임했다.

1. 직장에 다니면서 쓴 책 제목과 내용을 소개해주시기 바랍니다.

회사 재직 시 4권의 저서 『스마트하게 경영하고 두려움 없이 실행하라』, 『전략을 혁신하라』, 『식당부자들의 성공전략』, 『인생은 전략이다』를 출간했고, 《머니투데이》에 '돈 되는 이재형의 창업스토리', 《월간외식경영》에 '외식경영 성공전략'이라는 칼럼을 연재했으며 《DBR(동아비즈니스리뷰)》, 《서울경제신문》, 기업사보 등 다양한 매체에 칼럼을 기고했습니다. 그리고 퇴사 후 『발가벗은 힘』, 『테크노사피엔스』, 『기술경영』을 출간했고, 《한국경제》에 'Let's Study'를 연재했으며, 《이데일리》에 '발가벗은 힘: 이재형의 직장인을 위한 Plan B 전략'이라는 칼럼을 연재했습니다. 회사에 다니면서 출간했던 4권의 저서는 경영, 전략, 코칭, 리더십, 심리학 관련 내용으로 저의 전문성을 강화하기 위해 쓴 책들입니다. 그리고 퇴사 후 출간했지만 퇴사 전부터 기획한 『발가벗은 힘』은 저의 최애 저서입니다.

많은 분이 저에게 어떻게 제2의 인생에 연착륙할 수 있었냐고 묻습니다. 그런 궁금증을 주제로 강의를 한 적도 있고, 자신의 성장과 제2의 인생 준비에 관심 많은 직장인을 대상으로 멘토링을 하기도 했으며, 개인적으로 상담을 요청한 사람들을 만나 조언을 하기도 했습니다. 그들 중엔 퇴직 후 방황하는 임원도 많이 있었죠. 하지만 한두 번의 만남으로 세세한 내용까지 얘기해 주기에는 한계가 있었습니다. 『발가벗은 힘』을 쓴 이유가 바로 여기에 있습니다.

2. 왜 직장에 다니면서 책을 쓰겠다고 생각했는지요?

직장에 다니면서 책을 쓰겠다고 한 이유는 세 가지입니다.

첫째, 제가 회사에 다니면서, 그리고 MBA를 공부하면서 습득한 지식과 경험을 종합적으로 정리해 진짜 내 것으로 만들기 위해서입니다. 그러기 위해서는 암묵지(暗默知)를 형식지(形式知)로 전환해야겠다고 생각했고, 가장 좋은 방법은 '책쓰기'라는 결론에 이르렀습니다.

둘째, 개인의 브랜드 가치를 높이는 가장 좋은 방법은 책을 써서 저자가 되는 것이라고 생각했기 때문입니다. 실제로 제가 쓴 저서들은 저의 브랜드 가치를 높여주는 효과를 창출하였습니다.

셋째, 회사에 다니면서 퇴근 후나 주말 시간을 활용해 제 가치를 높일 수 있는 가장 좋은 방법은 '책쓰기'라는 결론에 도달했기 때문입니다. 회사를 다니면서 종종 강의를 하곤 했는데, 퇴근 후 시간을 활용하거나 연차를 내야 하는 부담이 있었습니다. 그런데 책을 쓰는 일은 남들 눈치 보지 않고, 남는 시간을 활용해 쓸 수 있기 때문입니다.

3. 책을 쓰는 동안 가장 어려웠던 점은 무엇인지요?

책을 쓰는 동안 가장 어려웠던 점은 세 가지입니다.

첫째, 책의 소재에 대한 것이었습니다. 첫 책을 쓸 때 무엇에 대해, 어떻게 써야 할지 갈피를 잡을 수 없었습니다. 하지만, '회사에 다니면서, 그리고 MBA를 공부하면서 습득한 지식과 경험을 종합적으로 정리해보자, 집대성을 해보자'라고 생각 정리를 하면서 소재를 정할 수 있었습니다.

둘째, 글쓰기 자체의 어려움이었습니다. 저는 공대 출신이며, 글쓰기를 배운 적도 없습니다. 하지만 한 가지 얻은 확실한 교훈이 있습니다. 무엇이든 꾸준히 하면 결과물이 나온다는 것입니다. 저는 주로 주말 아침시간을 이용해 글을 썼는데, 무엇이든 꾸준히 하다 보면 티핑포인트를 넘어서는 순간이 오고, 결국 결과물이 나오기 마련입니다.

셋째, '원고를 쓴다고 출판사에서 받아줄까?'하는 걱정도 있었습니다. 하지만, 성심껏 쓴 저의 원고를 출판사에서 관심을 가져주었고, 출간으로 이어질 수 있었습니다. 출판사는 지인의 소개를 받거나, 출판사 홈페이지에 투고하는 방식으로 하시면 됩니다.

4. 글(원고)은 주로 언제 썼는지요?

저는 주말 아침 6시경에 일어나 3~4시간 동안 글을 썼습니다. 아이들이 일어나면 같이 놀아줘야 하기 때문에 그 전까지 작업을 했던 것입니다. 사람들은 "피곤하지 않냐?"고 물어보지만, 제 나름의 체력을 관리하는 요령이 있습니다. 이를테면, 일정이 여의치 않을 경우를 제외하고 웬만하면 금요일 저녁에는 약속을 잡지 않습니다. 이유는 토요일 아침에 글을 써야 하기 때문입니다. 평일에는 회사 일에만 집중했습니다. 단, 주말 아침 시간은 철저히 나 자신을 위해 썼습니다. 그래서 금요일 저녁 약속을 잡지 않았습니다. 금요일에는 일찍 퇴근해 가족들과 저녁식사를 한 후 공원이나 놀이터에 가서 여유를 즐겼습니다. 아이들과 놀아주면서 틈틈이 스트레칭도 하고, 주변의 운동기구를 이용해 가볍게 운동도 하면서 에너지를 보충했습니다. 그리고 늦어도 밤 10시~11시경에는 잠자리에 들었죠. 이렇게 하면 토요일 6

시에 일어나도 피곤하지 않습니다. 토요일과 일요일, 아침 6시부터 아이들이 일어나기 전까지 글을 쓰면 1주일에 최소 6~8시간 정도가 확보됩니다. 한 달이면 약 30시간, 1년이면 360시간이죠. 여행을 가거나 피곤해서 잠을 자는 날이 있다 해도 200시간 이상 확보됩니다. 이 정도의 시간이면 책 한권을 충분히 쓸 수 있습니다.

5. 책을 쓴 후 본인 인생에서 가장 달라진 점은 무엇인지요?

코칭 전문가로서 저의 가치를 인정받고 있다는 것입니다. 어떤 분야의 전문가가 되려면 암묵지(暗默知)와 형식지(形式知)를 동시에 갖춰야 합니다. 회사에 다니면서 쓴 저서들 덕분에 퇴사 후 경영자·임원 코치로 활동하는데 큰 도움이 되고 있습니다. 퇴사 후 현재 저는 가슴이 원하는 일, 보다 의미 있는 일을 하면서 수억대 연봉을 버는 전문가로 연착륙했고, 보다 자유로운 인생을 살고 있습니다. 글 쓰고, 강의하고, 코칭하는 일을 평생 업으로 삼으며 '덕업일치'하는 삶을 살고 싶었는데, 퇴사 후 이를 실현하게 되었죠. 제가 꿈꾸고 계획한 일들이 실제로 눈앞에서 펼쳐지고 있는 것입니다. 그 첫 단추가 되어준 것이 바로 직장을 다니면서 썼던 첫 책이라고 생각합니다.

첫 책을 출간 후 제 삶에는 작은 변화들이 찾아왔습니다. 먼저 강의 요청이 들어왔고, 공중파 라디오에도 몇 번 출연할 기회가 생겼습니다. 또 몇몇 기업교육 회사들은 저에게 강의를 개설하자고 제안했습니다. 고객을 모집해줄 테니 교육 과정을 만들어 강의를 해달라는 것이었습니다. 그래서 실제로 교육 과정을 만들어 강의한 적도 있는데, 직장인인 저를 배려해 평일 저녁이나 주말에 과정을 개설해주었습니다. 이런 경험으로 강의 스킬을 향상시키고, 야생성을 기르는 좋은 계기가 되었습니다. 몇몇 코칭 회사들은 파트너 코치가 되어 달라고 제안했습니다. 또 함께 프로그램을 만들어보자고도 했습니다. 이때 코칭 업계 최초로 '전략 코칭' 프로그램을 만들었습니다. 이 프로그램을 만들면서 축적된 지적 역량을 토대로 두 번째 책『전략을 혁신하라』를 출간할 수 있었습니다. 또, 신문사와 잡지사에서 칼럼 연재 요청이 와서 칼럼을 연재 또는 기고하였습니다. 그리고 책과 칼럼의 내용들은 다시 강의와 코칭을 하는 데 자양분이 되었습니다.

6. 책을 쓰고 싶어 하는 직장인에게 어떤 말을 해주고 싶은가요?

사람들이 책을 쓰는 이유는 돈을 벌려는 목적보다 세상을 이롭게 하거나 자신의 가치를 실현하고자 하는 등의 이유가 더 많습니다. 강사나 코치의 경우 책을 출간함으로써 자신의 브랜드 가치를 높이거나 강연료를 높이는 데 활용하기도 합니다. 책을 쓰면 그 분야의 전문가라는 게 입증되기 때문에 책이 일종의 보증서 역할을 하는 것입니다. 책을 써서 한몫 벌겠다는 욕심과 베스트셀러가 될 거라는 큰 기대감은 큰 실망으로 이어질 수 있습니다. 따라서 책을 쓰고자 한다면 돈보다는 자신의 전문 지식을 집대성하겠다는 목적으로 쓰길 권합니다.

인류의 발전에 가장 기여한 것이 인쇄술과 책이라는 것은 그 누구도 부정할 수 없는 사실일 것입니다. 인류는 책을 통해 성장해왔고, 엄청난 발전을 이루어 왔습니다. 책을 쓴 사람들은 그만큼 인류의 발전에 기여한 자들이라고 해도 과언이 아닐 것입니다. 이런 이유에서 글 쓰는 일은 제 가슴을 뛰게 만듭니다. 그리고 직장에 다니면서도 주말 새벽마다 어김없이 일어나 글을 쓸 수 있게 하는 원동력이 되었습니다. 여러분도 저와 비슷한 열매를 맛보셨으면 좋겠습니다.

곽민철 — 글로벌액션러닝그룹 연구소장

곽민철 작가는 공기업인 전북도시공사 경영기획팀에서 회계업무를 담당하면서 사회생활을 시작하였고, 현재는 글로벌액션러닝그룹 연구소장으로 근무중이며 프로젝트 코치로서 또 다른 가치를 만들어가고 있다. 직업에 있어 가장 좋은 경험은 직접 문제를 해결하는 것이라 믿기에 가르치기보다 함께 고민하는 코칭을 선택하고 추구하며 살아가고 있다. 저서로는 『야근이 사라지는 문제해결의 기술』, 공저로 『온택트 프로젝트 수업, ALLO! PBL!』이 있다.

1. 직장에 다니면서 쓴 책 제목과 내용을 소개해주기 바랍니다.
아무래도 첫 책을 소개드리는 것이 좋을 것 같습니다. 전문 컨설턴트나 교수자들만 사용할 것이라는 편견이 존재하는 '문제해결력'이 자신의 삶이나 업무에 적용할 수 있는 실용적인 역량이라는 것을 알리기 위해 『야근이 사라지는 문제해결의 기술』이라는 책을 쓰게 되었습니다.

'문제해결력'에 대해 많은 분들이 쉽게 접근했으면 하는 마음에 세 가지 구조로 책을 집필하게 되었습니다. '문제해결력이 왜 중요한가?' '문제해결력은 무엇인가?' '문제해결력을 어떻게 실행할 수 있는가' 입니다. 그래서 책의 내용에는 선현들의 메시지, WEF와 같은 기관의 리포트 그리고 실제 채용 공고에서 '문제해결력'이 중요하다는 사례들을 모아서 독자와 마음을 같이 하고자 하였습니다. 또한 '문제해결력'을 다루는 경영학, 인지심리학 등의 분야에서 나오는 기법과 개념을 쉽게 정리했습니다. 독자에게도 쉬웠는지는 모르겠지만요. 그리고 제가 사용하고 있는 코칭도구와 프로세스들을 넓고 얕은 수준에서 정리했습니다. 하나하나의 기법이 모두 정교하고 깊은 철학이 있지만 그건 다음 책에서 소개하면 된다고 생각했기 때문입니다.

2. 왜 직장에 다니면서 책을 쓰겠다고 생각했는지요?
두 가지 이유에서 시작했습니다.

첫 번째는 저 자신에 대한 확실한 정체성(Identity)을 갖고 싶었습니다. 직장 내에서 자칫하다가는 자신의 역량이나 브랜드보다는 조직이 가지고 있는 틀 안에서의 적응력만이 최고의 가치가 되곤 합니다. 그래서 직함이나 계급에 목을 메고 때로는 그것을 가지고 자신을 증명하고는 합니다. '나는 무엇을 하는 사람인가?'라는 질문에 답을 하기 위해서 내가 가지고 있는 역량을 증명해 보기로 하였습니다. 한권의 책을 쓸 수 있다면 제가 몸담고 있는 분야에서 아주 낮은 수준에서 자신의 업을 자신에게 그리고 타인에게 증명 할 수 있다고 생각했습니다. 그래서 책쓰기는 제게 아주 좋은 여행이자 결과물이었습니다.

두 번째는 세상의 기준에서 벗어난 발전을 위해서였습니다. '문제해결력'에서 문제의 정의가 매우 중요하게 다뤄지는데, 자기 자신의 발전을 타인의 기준에만 의지하면 결국 이미 정해진 수준의 발전밖에 이룰 수 없고, 아무리 발전해도 누군가의 시스템에서 벗어날 수 없다는 생각이 들었습니다. 물론 학력, 자격증과 같은 요소도 발전의 척도일 수 있지만 그것이 시장에서 자신을 증명해주기에는 부족하다고 생각했습니다. 반면 책을 세상에 내놓고 시장에서 사람들이 나와 내 컨텐츠를 어떻게 받아들여 주는가는 누군가의 기준이 아니라 정말 시장 자체에서의 평가를 받을 수 있는 것이지요. 아주 미천한 수준의 지식이었지만 말입니다. 갑자기 가수 임재범님의 〈비상〉이라는 노래의 한 대목이 생각나네요. '나도 세상에 나가고 싶어, 당당히 내 모습을 보여줄 거야.' 이런 마음이었던 것 같습니다.

3. 책을 쓰는 동안 가장 어려웠던 점은 무엇인지요?

정말 좋은 질문인 것 같습니다. 어려운 점을 극복한 만큼 성장하는 법이니까요. 책을 쓰며 가장 어려운 점은 '내가 생각보다 모른다'는 사실을 마주하는 것이었습니다. 시중에 유통되는 대부분의 책은 A4 용지 100장 정도의 원고입니다. 책을 쓰기 전에는 그 정도는 쉽게 정리 할 수 있을 것 같았지만 막상 목차를 구성하고 이야기를 풀어 쓰다보면 100장 중에서 얼마나 채울 수 있는지 적나라하게 보입니다. 어떤 대목은 분량도 채워지지 않지만, 내용도 부실하고 형용사나 자신의 감정만 가득한 내용이 쏟아져 나오기 마련이거든요. 그런 자신의 원고와 선배 작가들의 책을 비교해보면 비로소 자신의 수준을 알게 됩니다. '나는 얼마나 준비가 되어 있는가? 또는 내가 얼마나 더 준비해야 하는가?' 라는 것들 말이지요.

4. 글(원고)은 주로 언제 썼는지요?

글을 쓰면서 또 하나 발견한 것은 누구에게나 아무것도 할 수 없는 시간과 장소가 분명히 있다는 점입니다. 예를 들면 출장길의 기차나 비행기, 모두가 낮잠을 자고 있어 깨우면 안 되는 고요한 거실. 퇴근 후 만원 지하철에서 운 좋게 앉아있는 그 시간 모두 글쓰기에는 최고의 시간입니다. 김영하 작가님이 그랬죠. '감옥'은 작가에게 최고의 장소라구요. 누구나 그런 시간들을 발견하시면 그것만으로도 삶에 큰 변화가 있을 것 입니다.

5. 책을 쓴 후 본인 인생에서 가장 달라진 점은 무엇인지요?

정확하게 책을 쓰는 과정에서 어려웠던 점과 연결이 되는데요. 새로운 지식과의 만남 문턱이 낮아진다는 점이 가장 도움이 되었습니다. 앞으로 책을 쓸, 그리고 책을 쓰고 있는 사람들이 어떤 분야의 메시지를 담는가에 상관없이 알고 있는 내용은 점점 깊어지고, 모르는 내용도 점점 더 많이 발견하게 됩니다. 그 과정에서 자신의 지식은 더 단단해지고, 어떤 개념을 설명할 수 있는 부분도 늘어나면서 글쓰기가 쉬워집니다. 마치 운동으로 근육이 붙으면 운동이 쉬워지는 것처럼 말이죠. 학습근육이라고 표현하면 정확할 것 같습니다.

결정적인 순간은 멀지 않게 찾아왔습니다. 그렇게 책을 한권 그리고 몇 편의 저널에 기고하던 중에 2020년 코로나로 업계에 큰 변화가 시작되었을 때였습니다. 책을 쓰지 않았다면 두렵거나 수동적으로 기다리기만 했을 텐데 이전의 자신과는 전혀 달랐습니다. 지금까지의 지식을 활용하고 현재의 상황에 대응하는 것이 그렇게 두렵지 않았고 당연하게 느껴졌습니다. 오히려 제게 새로운 기회라고 생각할 수 있었습니다. 더욱 많은 콘텐츠를 요청받고, 생산하고, 정리하게 되었습니다. 덕분에 위기가 오히려 저 자신의 브랜드를 단단하게 하는 기반이 되었습니다.

6. 책을 쓰고 싶어 하는 직장인에게 어떤 말을 해주고 싶은가요?

책을 쓰는 과정은 어렵습니다. 길고 외롭습니다. 게다가 불확실합니다. 원고를 작성하는 것뿐만 아니라 그렇게 고민할 시간을 마련하는 것, 자료를 모으는 것, 그 자료들이 확실한지 검토하는 것 등 어려운 점이 많습니다. 게다가 원고를 작성하는 동안 계속 세상이 바뀝니다. 마지막으로 원고를 받아 줄 출판사를 찾는 것도 어렵습니다. 백 개의 문을 두드려야 할 지도 모르죠. 하지만 그 무게만큼 효과는 분명합니다. 어렵고, 외로운 만큼 성장합니다. 고민이 많을수록 다른 관점을 갖게 되고 날카로워집니다. 베스트셀러가 되어 통장에 많은 인세가 입금되지 않더라도 지식과 경험을 가진 한 명의 인간으로서 세상이 인정하고 새로운 가치로 대우해줍니다. 이 글을 읽으시는 여러분도 쓰시기 바랍니다. 자신을 전적으로 믿어 주시면 좋겠습니다.

만약 쓰기로 마음먹었다면 다른 사람의 눈은 신경 쓰지 마세요. 그런 거 해서 뭐하냐는 동료, 책보다 회사 일에 충실하라는 직장상사, 책의 시대는 끝났다는 사람들의 메시지는 '쉬운 길을 가라'는 것이지 '좋은 길을 가라'는 것은 아닙니다. '효율'을 추구하는 메시지입니다. '효과'가 아니에요. 새로운 가치를 원한다면 잠시 귀를 닫고 눈을 돌리시기 바랍니다. 물론 책을 쓰는 동안 가정이나 직장에 소홀해지는 것은 삶에 직격탄이나 다름없으니 조심하셔야 합니다. 출근시간에 다른 책을 읽고 자료를 보며, 퇴근길에 1시간 카페에 앉아서 한 챕터를 작성하다 보면 새로운 길에 대한 울림이 분명히 보일 것입니다.

이중학 — 가천대학교 교수

가천대학교 경영학부 교수로 재직 중인 이중학 작가는 '어제보다 성장하려는 사람을 돕습니다'를 실천하기 위해 매일 공부하는 현장 연구자라고 스스로 표현하고 있다. 현대자동차그룹 경영연구원 미래경영연구센터 책임 매니저와 롯데인재개발원 DT인재육성팀장으로 근무한 바 있다. '기술과 사람의 관계'와 '다름과 포용'에 관심이 많으며 관련 내용으로 SK그룹, LG그룹, 롯데그룹 등 국내외 기업에서 강의, 자문, 컨설팅을 하고 있다. 주요 저서로는 『데이터와 사례로 보는 미래의 직장』, 『데이터로 보는 인사이야기』, 『팀장매뉴얼』(공저)이 있고, 주요 역서로는 『지금, 상사가 부당한 일을 지시했습니까?』가 있다. 그 외 『퍼스널 리뷰 Personnel Review』 『계간 인적자원개발 Human Resource Development Quarterly』 『인사조직연구』 『조직과 인사관리연구』 등에 25편 이상 논문을 출판했다.

1. 직장에 다니면서 쓴 책 제목과 내용을 소개해주기 바랍니다.

4권을 공저 및 공번역했습니다. 첫 책은 『팀장매뉴얼』이란 책인데 팀장에게 필요한 역량을 담은 책으로 회사의 여러 팀장들과 역량을 총집합해서 모은 책이었고요, 『지금, 상사가 부당한 일을 지시했습니까?』는 책은 윤리경영 관련 번역서로 직장 상사와 함께 냈습니다. 우리나라에 당시 윤리경영에 대한 도서가 없었기 때문에 좀 빠르게 번역서를 내자고 상사와 의기투합해서 냈습니다. 이후 『데이터로 보는 인사이야기』는 친한 친구인 스티븐(Steven)이라는 미국 통계 교수와 냈습니다. 아주 오래된 가족과 같은 친구로, 제가 'People analytics'란 분야에 관심 갖게 된 것도 그의 덕분입니다. 그와 의미 있는 일을 함께 해보자는 생각에 책을 공저하게 되었습니다. 그리고 최근에는 『데이터와 사례로 보는 미래의 직장』이란 책도 학교로 온 이후에 쓰게 되었습니다.

2. 왜 직장에 다니면서 책을 쓰겠다고 생각했는지요?

오랫동안 롤모델로 삼아온 고 구본형 선생님 영향이 큽니다. 그 분의 인생을 보고 자기 브랜드로 살아가는 인생을 살기 위해서는 책이 중요하다고 느꼈습니다. 특히 『그대 스스로를 고용하라』는 책에 가장 큰 영향을 받았습니다. 그러던 중 제 인생의 은인인 롯데벤처스 전영민 대표님께서 기회를 주셔서 책을 집필하기 시작했고요, 공저와 공번역을 한 후에는 친구와 함께 책을 별도로 쓰게 되었습니다.

3. 책을 쓰는 동안 가장 어려웠던 점은 무엇인지요?

개인적으로 가장 중요한 것은 첫 문장이라고 생각합니다. 그래서 주제와 내용이 잡혀도 책의 첫문장과 챕터의 시작을 어떻게 할 것인가가 가장 어려웠습니다. 첫 문장이 마음에 들면 쉽게 풀리는 느낌이 들었고, 그렇지 않으면 책의 끝까지 정말 고민을 많이 하게 되는 경험을 했습니다. 첫 문장 떼기가 어렵거나 생각이 막혔을 때는 구본형 선생님 책과 글을 보곤 했습니다. 어디서부터 시작해야 할지에 대한 답이 늘 거기 있었기 때문이고, 볼수록 새로운 영감을 얻을 수 있었기 때문입니다.

4. 글(원고)은 주로 언제 썼는지요?

회사를 다닐 때도 지금도 원고는 새벽 시간을 주로 활용합니다. 아침 일찍 운동하면서 책에 대한 아이디어를 떠올리고 핸드폰에 메모한 후 사무실에 일찍 가서 6시 30~8시 30분에 온전히 책을 쓰는데 집중했습니다. 그렇게 매일 조금씩 쓴 내용을 연휴 등 시간이 있을 때 몰아서 가다듬고 전체 흐름을 잡았습니다. 그리고 새로운 내용은 주말과 지하철을 탈 때 읽고, 계속해서 아이디어 노트에 추가했습니다. 결국 매일 조금씩 시간을 내서 큰 그림을 만들고자 노력했습니다.

5. 책을 쓴 뒤 본인 인생에서 가장 달라진 점은 무엇인지요?

저는 책이 개인 전문성을 보여주는 가장 좋은 수단이라고 생각합니다. 지금은 '배워서 남주는 일'하고 있어서 당연하지만, 사실 직장인일 때는 책을 왜 쓰냐는 이야기도 많이 듣고, 회사 그만두고 강의하려고 저런다는 소리도 많이 들었습니다. 그런데 책 쓰고 나서 저만의 브랜드와 주제가 생기니 사실 할 수 있는 것이 많아졌습니다. 인생이 달라졌다고 표현하기는 어렵지만, 분명히 제가 선택할 수 있는 옵션은 많아졌다고 생각합니다. 더불어, 한번 책을 쓰면 계속 쓰고 싶다는 마음도 생기고 강제로 공부도 하게 되니까 좋은 학습의 기회가 되기도 합니다.

6. 책을 쓰고 싶어 하는 직장인에게 어떤 말을 해주고 싶은지요?

처음 책을 쓰는 일은 쉽지 않기 때문에 짧은 글을 많이 모아두고, 모음 글로 낸다고 생각하면 좋을 것 같습니다. 저 역시 긴 호흡으로 책을 쓰는 것은 아직도 어려움이 있습니다. 그러니 짧은 생각을 모아서 낸다고 생각해도 좋을 것 같습니다. 더불어, 책이라는 것이 대단한 사람이 쓰는 게 아니라, 책을 쓴 사람이 대단해지는 과정을 겪게 되는 것 같습니다. 그러니 첫 문장을 써 내려가고 출판사와 대화하면서 눈을 넓혀 나가기를 추천 드립니다!

최윤희 ──────────────────── 비상교육 실장

현재 비상교육에서 '피어나다' 사업을 담당하고 있는 최윤희 작가는 본인을 행복한 성장 에너지 연구자라 소개한다. 23년간 2천3백 명을 채용 면접하고 승진인사위원회에서 일 잘하는 사람들의 특징을 연구했다. 이러한 HR 경험을 바탕으로 성장과 성과를 이끄는 평가

제도 '밸류업'을 기획했고, 『모든 것은 태도에서 결정된다』라는 책을 출간했다. 현재는 마음성장 기반 공부력 향상 프로그램 '피어나다' 사업으로 사춘기 아이들을 돕고 있으며 직장인을 대상으로 우리 내면에 있는 '행복한 성장 에너지'를 자각하도록 돕는 강사이자 코치로 활동하고 있다.

1. 직장에 다니면서 쓴 책 제목과 내용을 소개해주기 바랍니다.

자기 소개에서도 간단히 언급 드렸듯이 『모든 것은 태도에서 결정된다』라는 책을 썼습니다. 23년간 채용 면접과 승진인사위원회를 운영하고 성공한 사람을 인터뷰했습니다. 인사, 교육, 조직문화 업무를 담당하면서 관련 책을 찾아 읽다 보니 성공 공식이 보였습니다. 그 7가지 성공 공식, '할 수 있는 일에 초점 맞추기' '긍정 에너지를 활용하기' '일과 삶의 의미 찾기' '경쟁이 아닌 성장을 지향하기' '탁월함을 추구하기' '따뜻한 인간관계 맺기' '자신을 위한 좋은 습관 기르는 법'에 대한 노하우를 담았습니다. 사례와 경험, 이론으로 단단하게 쓰려고 해서인지 채용 합격과 직장생활에 큰 도움이 된다는 피드백을 받고 있습니다.

2. 왜 직장에 다니면서 책을 쓰겠다고 생각했는지요?

공식적으로는 HR 20년 경력을 정리하고 싶었다고 말하고 있습니다. 사실 공식적인 이유와 함께 개인적으로 건강에 큰 적신호가 왔을 때 내가 알고 있는 인생의 지혜를 딸 아이에게 전달해야겠다는 생각을 하게 되었습니다. 자식은 누구에게나 소중하지만 저에겐 결혼 후 13년을 기다려 만난 딸이기에 그 소중함은 정말 표현하기 어려울 정도입니다. 건강에 적신호가 왔을 때 내가 죽을 수도 있다는 생각을 하게 되었고, 아직 초등학교에 입학도 하지 못한 아이가 가장 먼저 떠올랐습니다. 그 아이가 성장했을 때 엄마가 직장생활을 하는 동안 시행착오를 겪어가며 깨달은 지혜를 알려주고 싶었습니다. 간단한 관점 변화만으로도 축제까진 아니더라도 인생을 숙제처럼 살지 않는 노하우를 전달하고 싶었지요. 그래서 진심을 담아 글을 쓰게 되었습니다. 그래서인지 최근 중·고등학교 아이들을 대상으로 강의를 하게 되었는데 책을 읽고, 질문하고, 강의 소감을 표현하는 것을 보면서 큰 감동을 받기도 했습니다.

3. 책을 쓰는 동안 가장 어려웠던 점은 무엇인지요?

가장 어려운 것은 시간이었습니다. 직장에서 인사총괄 업무를 맡고 있었기 때문에 야근이 많았습니다. 특히 책을 쓰는 기간에 코로나19가 터져 회사에서 여러가지 의사결정을 하고 문제상황을 해결해야 했었습니다. 인사제도가 바뀌어서 어려움도 있었고 초등학교 1학년과 6세 아이 육아도 병행하고 있었기에 직장생활만으로도 시간이 부족했습니다. 그 과정 속에서 책까지 쓰기가 쉽지 않았습니다.

    두 번째 어려웠던 것은 글이 잘 써지지 않을 때 받는 스트레스 관리, 마음의 조율이었습니다. 목차 하나 분량을 두세 시간 만에 쓴 적도 있지만 일주일간 글이 써지지 않아서 어려움을 겪은 적도 있습니다. 그럴 때 '내가 괜한 일을 시작했나?' 라는 의심이 스멀스멀 올라왔습니다. 마음을 다잡고 다시 집중하는 것이 쉽지 않았습니다.

4. 글은 주로 언제 어떤 방식으로 썼는지요?

토요일엔 가족에게 양해를 구하고 아침 8시부터 저녁 6시까지 도서관에 가서 책을 썼습니다. 평일엔 퇴근 후 집 앞 까페에서 딱 1시간만 글을 쓰고 집에 들어가려고 노력했습니다. 정말 피곤해서 글이 써지지 않거나 10시 넘어 집에 도착하는 날엔 그냥 자고 다음 날 새벽 5시에 일어나 6시까지 한 시간씩 썼습니다.

책을 쓰는 방식은, 쓰고 싶은 내용이 있었기 때문에 그 내용으로 설계도를 그린 후 관련된 경험과 사례를 모았습니다. 그 이후 생각을 좀 더 보완하기 위해 관련된 책들을 읽었습니다. 책을 쓰기 시작하면서 좋은 문장을 필사해 문장력을 키우려고 노력했습니다. 이렇게 3개월 준비하고 본격적으로 글을 쓰고 투고하기까지 3개월이 걸렸습니다.

5. 책을 쓴 뒤 본인 인생에서 가장 달라진 점은 무엇인지요?

나를 가장 잘 표현하는 책이라는 명함이 생겼습니다. 전문성을 책으로 표현할 수 있게 되었습니다. 사실 그것보다 더 좋은 점은 내가 알고 있었다고 생각한 인생의 지혜 중에 개념 정의가 명확하지 않는 것이 있다는 걸 글을 쓰면서 알게 되었습니다. 책을 쓰면서 생각이 명확하게 정의되었고 정확히 아는 것과 모르는 것을 인지하게 되었습니다. 덕분에 제가 알았던 인생의 지혜가 더 깊어졌습니다. 더욱이 책 내용을 여러 번 강연하면서 저의 삶이 더 풍요로워졌습니다.

6. 책을 쓰고 싶어 하는 직장인에게 어떤 말을 해주고 싶은가요?
여러분도 할 수 있습니다. 의심하지 마시고 도전하세요. 인생이 달라집니다. 육아와 직장생활을 하면서 저도 해냈습니다. 진짜 원한다면 시간은 만들 수 있습니다. 그리고 그 책으로 인해 당신이 원하는 삶의 모습으로 한 발자국, 아니 열 발자국 성큼 다가설 수 있습니다. 자신을 믿고 도전하세요. 사람은 완벽하지 않습니다. 완벽할 필요도 없습니다. 부족한 부분이 있다면 관련 책도 읽고 주변을 관찰하세요. 그렇게 조금씩 보완하면서 책을 쓰시면 됩니다. 좀 더 자랑스러워진 당신을 만나시길 진심으로 응원 드립니다.

이상혁 ──────────── 하니웰 HR 비즈니스파트너

이상혁 작가는 GE, 나이키, 다이슨과 같은 글로벌 기업에서 채용, 교육, 평가, 보상, 노무 등 인사 직무의 다양한 실무 업무를 담당했고, 현재는 하니웰에서 HR 비즈니스 파트너로 재직중이다. 20대 대학생 시절, 인생에서 가장 보람 있는 순간은 다른 사람의 성장을 도울 때라는 것을 깨달은 후, '어떤 일을 해야 하는가?' 하는 근본적인 질문에 자신이 제일 좋아하고, 잘할 수 있는 일은 HR(인사) 업무라고 결론내렸고, 2009년 첫 커리어를 시작했다. 회사 밖에서는 사람, 조직, 리더십 관련 지식, 노하우를 말과 글의 형태로 사람들과 소통하고, 공유하는 일을 하고 있다. 도전을 하고 싶은 분야가 생기면 고민없이 실행하고, 포기하지 않고 반복하는 것을 삶의 큰 방향성으로 정했다.

1. 직장에 다니면서 쓴 책 제목과 내용을 소개해주기 바랍니다.

저의 첫 책의 제목은 『팀장으로 생존하기』입니다. 회사에서 현재 팀원을 관리하는 리더나 앞으로 리더의 위치에 오를 사람을 위한 기본서가 될 책입니다. 그것을 위한 방법론으로 스스로에게 던져야 할 질문, 상황별 대화법, 마인드, 기술 등 여러 관점에서 리더에게 실질적인 도움을 줄 수 있는 구체적인 방법을 제시합니다. 리더십을 단순히 팀원의 성장을 돕고, 성과를 내는 팀을 이끌기 위한 것 정도로만 보지 않고, 리더가 조직에서 살아남기 위해 꼭 갖춰야 할 생존의 도구로 그 중요성을 역설하고 있습니다.

2. 왜 직장에 다니면서 책을 쓰겠다고 생각했는지요?

글로벌 기업 HR 매니저, 40대로의 진입, 3세 아빠로 맞벌이 하며 살던 2021년 10월. 여러 역할을 동시에 해야 하는 가장 바쁜 시기를 살다 보니 문득 이런 생각이 들었습니다. '대학 졸업한 지 엊그제 같은데 시간 정말 빠르다. 여러 역할을 하며 살고 있는데 나는 잘 살고 있나? 내가 원하는 대로 살고 있나?'

결론은 '열심히 살고는 있지만 나로 사는 시간은 턱 없이 부족하다. 그리고 이렇게 계속 살다가는 나중에 그렇게 행복할 것 같지는 않다'였습니다. 나를 위해서 뭔가를 해야 할 것 같은데 뭘 할지 몰랐습니다. 일단 뭐라도 해 보자는 생각에 내가 어떤 생각을 하고 있는지 남기고 싶어서 블로그를 바로 개설하고, 첫 글을 쓰기 시작했고 브런치에도 글을 연재했습니다. 책을 꼭 써야겠다 라는 생각보다는 취미로 브런치에 썼던 글이 모여 책이 되었습니다.

3. 책을 쓰는 동안 가장 어려웠던 점은 무엇인지요?

우선 글을 쓸 물리적인 시간이 부족했습니다. 워낙 업무량도 많고, 경쟁이 치열한 회사에 재직 중인데다, 아이가 너무 어려, 회사 외 시간에는 육아에 온 힘을 쏟아야 했습니다. 그래서 많은 시간을 확보하여 글을 쓴다는 생각보다는 '자투리 시간을 최대한 활용해 보자!'는 생각으로 접근했습니다. 출근 전 새벽에 기상해서 30분씩 글을 쓰는 것을 1년 넘게 하루의 루틴으로 가져갔습니다. 그렇게 매일 꾸준하게 쓰다 보니 글을 써 내려 가는 능력, 글 쓰는 속도가 빨라진다는 것을 몸소 체험 했습니다.

또한 글 쓰는 아이디어가 생각나지 않을 때가 어려웠습니다. 시간을 확보하더라고 막상 앉아서 글을 쓰려니 짧은 시간 안에 어느 정도의 분량을 채워야 한다는 압박감에 글이 잘 써지지 않았습니다. 그래서 출퇴근 시간, 자투리 시간 등 평상시에 글의 소재가 떠오르면 바로 메모하는 습관을 생활화했습니다. 그리고 휴대폰 녹음 기능으로 현재의 생각, 감정 등을 저장했고, 그런 것들이 누적이 되니 글 쓰는 시간에는 글 자체에 집중하게 되고, 효율이 증대되었습니다.

4. 글은 주로 언제 어떤 방식으로 썼는지요?

출근 전 새벽 시간을 매일 생활의 루틴처럼 썼습니다. 컨디션에 따라 글이 잘 써지는 날, 안 써지는 날이 분명 있지만 그럼에도 불구하고, 계속 써내려 갔습니다. 블로그와 브런치에 글을 써내려 갔고, 임시 저장 기능을 활용해 썼던 내용을 조금씩 수정하고, 보완해 나갔습니다. 블로그의 글과 책의 내용을 별도로 구분하면 더 많은 시간이 걸리기 때문에 글이 어느 정도 쌓인 시점부터는 철저히 책 원고라는 생각으로 써내려 갔습니다.

5. 책을 쓴 뒤 본인 인생에서 가장 달라진 점은 무엇인지요?

책을 쓴 후 드는 생각은 '생각보다 별일 아니구나. 그리 어렵지 않았던 일을 나는 왜 이리 어렵게 생각했을까?'입니다. 그리고 세상의 많은 사람 중에서 매우 소수만 해왔던 일이기 때문에 계획하고, 노력하면 뭐든지 할 수 있다는 자신감이 생겨서 업무나 저의 삶에도 긍정적인 효과를 가져 왔습니다. 그리고 첫 번째 책을 출판하니 세상에 꺼내고 싶은 이야기가 너무 많아졌습니다. 첫 책의 시행 착오를 거쳐서 좀 더 보완할 수 있는 방법에 대해서 계속 고민 중이고, 이미 2번째 책의 원고를 쓰고 있습니다.

6. 책을 쓰고 싶어 하는 직장인에게 어떤 말을 해주고 싶은가요?

글을 쓰고, 책을 출판하는 것을 너무 거창하게 생각하지 않는 것이 중요합니다. 가장 중요한 것은 글 쓰는 습관을 생활 속에 가져가는 것, 그리고 적은 분량이라도 매일 쓰는 것이 중요합니다. 그리고 책을 출판한다는 것은 세상의 독자들과 소통하는 하나의 방식이기 때문에 내 글을 나 혼자만 읽는 환경이 아닌 항상 타인에게 피드백을 받을 수 있는 환경을 만드는 것이 중요합니다.

　따라서 블로그나 브런치를 개설하여 누적된 글이 독자와 소통할 수 있는 환경을 만드는 게 매우 중요합니다. 그리고 독자의 반응과 응원은 지치지 않고 글을 계속 쓰게 할 수 있는 원동력이 됩니다.

정구철 ──────────── 머스터드 씨드 컴퍼니 대표

『이직의 정석』을 쓴 정구철 작가는 현직 헤드헌터이다. 헤드헌터를 시작하기 전에는 대기업 건설사 직장인으로 7년간 재직하였으며, 잡플래닛의 헤드헌터를 거쳐 현재는 에너지, 건설, 스타트업 위주의 헤드헌팅 및 커리어 컨설팅사인 머스타드 씨드 컴퍼니 대표로 강연을 주로 하고 있다.

1. 직장에 다니면서 쓴 책 제목과 내용을 소개해주기 바랍니다.

『이직의 정석』은 '제대로 준비해서, 바르게 이직하자'는 취지로 저술하였습니다. 과거 이직 책들이 본인의 경험을 일반화한 것에 비해, 저는 비교적 젊은 나이(당시, 30대 중반)였지만 후배를 생각하는 선배의 느낌으로 이직의 A to Z를 알려주는 방법으로 접근했던 것이 차별점이라 생각됩니다. 좋은 출판사를 만나 4천 권 이상이 팔렸고, 현재는 단종되어 E-book 및 밀리의 서재에서 보실 수 있습니다.

2. 왜 직장에 다니면서 책을 쓰겠다고 생각했는지요?

처음 대기업, 해외근무 중 퇴사 후에는 책도 쓰고, 아이들과 독서모임도 하겠다는 막연한 꿈을 가지고 있었습니다. 회사를 퇴사하고, 책 속에 길이 있다는 마음으로, 1년에 1백 권 이상 나름 치열하게 독서를 했습니다. 이 시간이 3년 정도 쌓이니, 비로소 내 업무, 내 이야기를 하고 싶고, 해야겠다는 생각이 들었습니다. 처음 3년간 헤드헌팅

업이 뜻대로 되지 않아 답답한 마음이 있었는데, 책이 돌파구가 되지 않을까 하는 간절한 기대도 있었습니다.

3. 책을 쓰는 동안 가장 어려웠던 점은 무엇인지요?

첫 번째는 시간 확보였습니다. 과거 직장에서는 80~100시간 가까이 근무를 하고, 태어난 지 백일된 아이를 두고 해외근무를 나갔던 터라, 가정에 많이 소홀했습니다. 반대로, 회사를 퇴사하고는 제 스스로 철저히 가족과의 시간을 가장 우선순위에 둔 삶의 방식을 선호했습니다. 절대적인 시간은 적었지만, 돌이켜보면 소중한 것을 놓치지 않으면서 효율적으로 시간을 분배했던 것 같습니다.

두 번째는 아이디어가 완전히 고갈되었을 때였습니다. 집필의 70퍼센트 정도가 진행된 시점에서는 아무리 노력해도 진도가 나가지 않았습니다. 오히려 이때는 가벼운 마음으로 지인과의 만남이나, 전혀 다른 분야의 책이 촉매제가 되어 이야기를 이어 나갈 수 있었습니다.

4. 글은 주로 언제 어떤 방식으로 썼는지요?

1주일에 3~4일 정도, 아이들을 재우고 밤 11시경 카페나 맥도널드로 '두 번째 출근'을 하였습니다. 한 꼭지를 마쳐야지만 끝나는 방식으로 써나갔습니다. 사실 미라클 모닝이 붐일 때 몇 번 시도해봤는데, 아이도 같이 일찍 깨서, 출근전까지 놀아 주기를 수차례 해 본 후 포기했습니다. 저와 저희 가족에겐 맞지 않더라고요.

'두 번째 출근'은 제가 지금까지도 가족과의 시간을 지키며, 일에서의 발전, 사이드 프로젝트를 진행하는 방법입니다. 가끔 미혼의 잘 나가는 1인 기업, 인플루언서들을 보면 가정을 마치 제약처럼 생각하는 일을 볼 수 있습니다. 그런데 저는 제 가족이 내 열매이기도 하지만, 나를 지탱해주는 뿌리이기도 한 것을 느낍니다.

    헬스장에 발을 들여놓기가 가장 힘들듯이, 일단 피곤한 몸을 이끌고 책상에 앉는 것, 노트북을 펴는 것, 다른 관심거리들을 끊는 것이 가장 힘듭니다. 자리를 잡고 앉으면 어떻게든 끝내게 되어 있습니다.

5. 책을 쓴 뒤 본인 인생에서 가장 달라진 점은 무엇인지요?

먼저 저자만이 설 수 있는 자리에 불러 주는 점입니다. 전문 강사가 아니기에 강연의 기회가 빈번하지는 않았지만, 전문 강사도 서기 힘든 자리에 종종 불러 줍니다. 일반 강사분들이 DDP나 킨텍스 등에서 강연을 하는 것이 쉬운 일이 아닐테니까요. 확연히 전문가로서 인정받는다는 느낌이 들었습니다.

    두 번째로는 다른 저자분과의 만남입니다. 책을 쓰기 전엔 제 주변에 책을 쓰셨던 분들이 한 분도 안 계셨는데, 지금은 열손가락 이상의 저자분을 알고 있습니다. 저자들과 연결되는 팁으로는, 좋은 책, 좋은 글귀에는 반드시 감사인사(선플)를 보낸다는 것입니다. 저도 책을 쓴 뒤 악플도, 감사 메일도 받아보니 좋은 피드백이 창작자에게 얼마나 힘이 되고, 동기부여가 되는지 알고 나서부터는 저 역시 그런 존재가 되기 위해 노력하고 있습니다.

6. 책을 쓰고 싶어 하는 직장인에게 어떤 말을 해주고 싶은지요?

자신의 책을 읽을 독자가 누구인지 명확히 하는 것이 중요합니다. 즉, 자신의 책이 전하고자 하는 메시지와 존재하는 이유를 명확하게 정했으면 좋겠습니다. 그 한 가지가 뚜렷하면 과정이 아무리 지난하고 험했더라도 끝까지 쓸 수 있을 것입니다. 그 목적이 명확해야 포기하거나 흐지부지되지 않고 비로소 세상에 나올 수 있다고 생각됩니다. 그리고 눈물로 뿌린 씨앗들이 예상하지 못한 곳에서 자라나고 수확되는 놀라운 경험을 할 수 있을 겁니다. 모쪼록 제 작은 경험이 도움이 됐으면 좋겠습니다.

평범한 직장인의 특별한 책쓰기
— 원고 작성에서 출판까지 임파워링 코칭

초판 1쇄 2024년 1월 25일

지은이 이주형
펴낸이 황인원
펴낸곳 넌참예뻐
등록번호 310-96-20852
주소 서울시 마포구 마포대로 5 현대빌딩 909호
전화 02-719-2946
팩스 02-719-2947
이메일 moonk0306@naver.com
홈페이지 www.moonkyung.co.kr

ISBN 979-11-978876-7-3

책값은 뒷표지에 있습니다